Digital Transformation

DXを
成功させる社長
81の心得

人材、組織、技術選択、投資

イントリーグ
永井 昭弘

日経BP

はじめに

　DX＝デジタルトランスフォーメーションという言葉が流行り始めたころ、IT業界で長く飯を食っている私は正直なところ、「またぞろ、業界が一致団結して流行らせようとしているな」と感じた。筆者もこれまでIT業界の流行り言葉に多少なりとも世話になったことがあるので、あまり偉そうなことを言える立場ではないのだが。

　ところが、DXとは何かと考え調べてみると他のIT流行り言葉と少しばかり違うことがわかった。

　ITの流行り言葉は特定の技術やサービスの総称であることが多い。クラウドやビッグデータなどがそうだ。DXは違う。

　DXという言葉は2004年にスウェーデンのウメオ大学教授のエリック・ストルターマンが提唱した次の定義が初出といわれる。

「ITの浸透が、人々の生活をあらゆる面でより良い方向に変化させる」

　技術やサービスの総称ではなく、概念なのである。概念で思い出したのがシンギュラリティーだ。

　これは2045年ころに人工知能（AI）が人類の知能を超え、人間の生活に大きな変化が起きるといわれる概念である。2021年現在で計算すれば2045年まであと24年だ。

　DXとシンギュラリティーを並べて考えると面白い。シンギュラリティーがもたらす変化は果たしてストルターマンが提唱したように「人々の生活をあらゆる面でより良い方向に変化させる」のか、それとも逆にSF映画にあるようなAIが人を支配する悲劇をもたらすのか、どうなるのか興味深い。

　そう考えると流行り言葉としては数年で廃れたとしても、概念としてのDXは決して使い捨てにすべきではない。その概念、あるいは哲学・

思想といったものはこれから先、数十年にわたり生き続けるのではないかと思う。

　日本で喧伝されているDXはストルターマンの定義とは少々異なる。ストルターマンの定義は「D＝デジタル＝ITの浸透が人々の生活にX＝変革をもたらす」と解釈できる。

　だが、日本で流行っているDXは「デジタルを企業経営に活用して、変革を行おう」という意味で使われる。だから「間違っている」というつもりはない。

　現在の日本の政府や企業のIT化の遅れは深刻である。欧米や中国沿海部、台湾、シンガポールなどのIT先進国・地域と比べると差は歴然としている。

　コロナ禍でそれが露呈された。日本がこれらの国をキャッチアップするためにDXを唱えて短期的には企業のIT活用による変革を実現し、中長期的にはストルターマンの概念のように人々の生活を良くすることを目指すべきである。

　昨今のブームでDXに関する多数の本が出版されている。それらの多くはD＝デジタルからの視点、技術に関するものだ。

　だが、本当に企業が変革しようとするならば、より重要なのはX＝変革のほうだ。だが企業の変革は「言うは易く行うは難し」である。

　現状維持、ことなかれ主義の見えない壁は分厚い。その壁を突き破るにはトップである社長の覚悟・決断が不可欠である。

　「DXを語るのに精神論か？」という意見もあろう。しかしDXやITに限らずプロジェクトの失敗原因のほとんどは人である。

　ミス、隠ぺい、主導権争い、丸投げなど人の行動や思考が失敗を生む。いわんや変革となれば、まさに人の行動・思考に成否がかかる。**会社を率いるトップの社長が先頭に立って仕切らなければ、DXの推進と成功はおぼつかない。会社を変革しようというのに社長が「よきにはからえ」**

はありえない。社長こそ変革のキーマンなのだ。

　本書は筆者が日経BPの雑誌やWeb媒体の日経クロステックに連載した記事や、イントリーグのホームページ上で連載しているコラムから経営者のDX推進に参考になるものをピックアップし、加筆修正したものである。本書で述べたいことを一言にまとめるなら「DXは社長が仕切れ」である。実際に仕切るための心得を挙げてみた。81の心得のなかでいくつかに共感をいただき、実行されるものがあれば幸いである。

　全体は以下の10章の構成としてまとめた。各章のそれぞれの内容を以下に示す。

第1章：DX全般の心得

　本書の導入パートとして、DXの定義を紹介し、またなぜ今日本の企業にDXが必要なのか、これまでのシステム開発と何が違うのか、そしてなぜ社長が仕切るべきなのか、DX全般に関する13の心得を紹介する。

心得1：社長が先頭に立ち全社で取り組むのがDX、IT部門主体で行うのがシステム開発

心得2：自社のこれまでのやり方を抜本的に変革し、デジタル技術を用いて新しいビジネスモデルとそのプロセスを構築すること

心得3：大事なのはXである。デジタルは不可欠な手段であるが目的ではない

心得4：社長の最大の仕事は「決める」ことである

心得5：DXは社長がプロジェクトオーナーを務めるのが理想

心得6：DX成功には、進む方向がきちんと決まっているのが重要だ

心得7：デジタル＝ITの活用なくして新規事業の成功はありえない

心得8：デジタルを駆使して、ユニークなビジネスモデルが構築できれば自立した経営が可能になる

心得9：仕事内容を定期的に分析し、適切な人とシステムの配分を決め

るのは社長の仕事

心得 10 ：「自分（自社）は何を最も重要な経営指標にしているのか」を
　　　　決めるのは社長の仕事

心得 11 ：日本は DX への取り組みが明らかに遅れている

心得 12 ：時間とコストを削減できるので、企業にとってオンラインは
　　　　都合が良い

心得 13 ：DX の成果を出すためには IT システムの開発だけでなく準備
　　　　と訓練が重要だ

第 2 章：DX を成功させる社長の心得

　DX を成功させるには社長が先頭に立って引っ張ることが肝要である。そのためには社長が率先して自らの行動や考え方を変革する必要がある。行動変革を実践するための 10 の心得を紹介する。

心得 14 ：社長が試行錯誤することは PoC の好例でもある

心得 15 ：DX による変化は、最初はゆっくりとだがある時点で急激に
　　　　加速する

心得 16 ：社会や社員、取引先などステークスホルダーに対するセンス
　　　　のない社長に DX 時代の会社経営は難しい

心得 17 ：俯瞰的な立場から、社長は内部と外部を適切に使い分けて
　　　　DX を進めなければならない

心得 18 ：まず社長から社内文書に捺印するのをやめる

心得 19 ：新しいことにチャレンジするのが社長というポジション

心得 20 ：トップとしての冷静な視点でデジタルとの付き合い方をコン
　　　　トロールしなければならない

心得 21 ：変革のポイントは企業ごとに異なる。本気で変革しようとす
　　　　れば他社の模倣では不十分

心得 22 ：DX を進める際には、客観的に自分の年齢からくるデジタル
　　　　との距離感を認識する

心得23：社長が率先して自分のITリテラシーを高める

第3章：DX人材に関する心得

　DX推進には当然のことながら人材の活用が不可欠だが、DXを支える優秀な人材の採用や育成は難しい。なぜ難しいのか理由を示すとともに、難しい状況下での人材を獲得・育成するための8つの心得を紹介する。

心得24：DXにはデジタルを支えるIT系人材が欠かせない

心得25：社長はIT部門の人材がどういった状況なのか知らなければならない

心得26：マネジメントによってIT部門を強固にするのは社長の責任

心得27：IT部門を「技術職・専門職」として扱う

心得28：本当に欲しい人材がどこにいて何を考えているかを知り、大切に思っているものを共有して引きつける

心得29：IT人材の不足をなげいていてもDXは進まない。獲得に向けた努力も社長の役目

心得30：後継者には営業だけでなく、IT部門やマーケティング部門もしっかり経験させる

心得31：同族会社の後継者選びでもDXの重要性に変わりはない

第4章 DX推進組織に関する心得

　DXに取り組むにあたり、実際にプロジェクトを推進する組織をどうするかは重要な課題である。既存のIT部門に丸投げしてもうまくはいかない。社長が意識すべき6つの心得を提示する。

心得32：DXの推進にふさわしい組織・体制をつくるのは社長の仕事

心得33：DXに取り組む場合、中心となる部門の名称は社長自ら考えよう

心得34：DXに強い組織をつくるため社長はIT部門の全体像を理解する

心得35：社長はIT部員を積極的に外に出そう

心得36：DXが進む組織を考えたとき、無視できない問題は現状維持志向の中高年社員である

心得37：上司から指示されたことだけをそつなくこなすIT人材ばかりではDXの時代を勝ち抜けない

第5章：最新デジタル技術に関する心得

社長は最新のデジタル技術を詳細に理解する必要はない。しかし、ニュースで話題となるようなデジタル技術の概略はどのようなもので、社会やビジネスにどのような影響をもたらすか、自社の変革に役立つかは知っておくべきだ。最新デジタル技術に関する6つの心得を紹介する。

心得38：社長は「じっとしていたら数年後には生き残れないかもしれない」と考える

心得39：社長がAI導入を図るべき理由はいくつもある

心得40：IoTも今後飛躍的に浸透する注目技術である

心得41：技術の組み合わせによる事業や業務の革新こそがDXの本質にほかならない

心得42：ブロックチェーンはさまざまなソリューションに利用され始めた

心得43：DXでもセキュリティーを忘れてはならない

第6章：デジタル投資に関する心得

投資を最後に決断するのは社長である。DXにかかわるデジタル投資をどうするかの判断は難しい。難しい決断をどうするか？　複数の観点から実際に社長が投資を判断するときの11の心得を示す。

心得44：DXにはデジタル投資が不可欠だが、調達段階で投資対効果を把握するのは難しい

心得45：社長は自社のデジタル投資に積極的に関与しなければならない

心得46：システム開発の目的を理解した上で投資額を決めるのは社長の仕事だ

心得47：デジタル投資の予算額を試算すべきである

心得48：デジタル投資には中長期的に業績を向上させる力がある

心得49：デジタル投資で最も悩むのは「いくらで」であるが、最も重要なのは「何を」だ

心得50：コストを抑制するために無駄なものはやめる、必要なものには適切に投資する、という二律を求める

心得51：複数の視点からデジタル投資額の適正基準を査定する

心得52：毎年継続して発生するITシステムのランニングコストを軽視してはならない

心得53：「ITシステムはトラブルで止まる」のを前提に議論したほうが適切な投資額を決めやすい

心得54：根拠のない値引き要請は絶対に避ける

第7章：RFPに関する心得

　第6章に続き、DX投資をさらに調達の観点からとらえる。適切な調達に有効な方法であるRFP（提案依頼書）の重要性について解説し、社長が考慮すべき6つの心得を示す。

心得55：DXにかかわる投資の成功にRFPが大きな意味を持つ

心得56：RFPや提案書によって発注者とITベンダーが互いに相手を理解し歩み寄ることができる

心得57：デジタル投資が成功か失敗かの分岐点は、社長が「何をやりたいか」を明確にわかっているかどうかである

心得58：社長へのヒアリングはRFPの作成で必須の工程である

心得59：RFPは社長の意思決定の迅速化に貢献する

心得60：RFPを提示するベンダーは4社以内に絞る

第8章：ITシステム開発に関する心得

　DX推進にはITシステム開発がかかわる。失敗を避けるためのポイントはいくつもあるが、絶対にやってはならないのが「丸投げ」である。丸投げの弊害を示すとともに、ITシステム開発に関する14の心得を示した。

心得61：社長はDXにかかわる企画や調達、マネジメント、運用などの意思決定を社員に「丸投げ」してはならない

心得62：社長が先頭に立って社員やベンダーにDXに関しての当事者意識を示す

心得63：DXにかかわるシステム開発では「仕事をこう変革する」「新しいやり方をこうつくる」、いわば変革を定義する

心得64：DX関連のプロジェクトで過度の実績主義は禁物である

心得65：現場にすべてを丸投げしていると、トラブルが生じた場合、後手に回る危険性が高い

心得66：「カネさえ出せば、DXはベンダーが何とかしてくれる」という幻想は捨てる

心得67：プロジェクトを成功させるための戦法は「逃げ切り」につきる

心得68：DX関連でも従来型のシステム開発でも、契約の重要性に変わりはない

心得69：システム開発は発注者であるユーザーと開発者であるITベンダーの共同作業である

心得70：部分最適の要求を、会社や部門の全体最適の観点から取捨選択するのは管理職の役割である

心得71：稟議や決裁などの業務プロセスを速めればITシステム開発に確実に好影響がある

心得72：失敗しかけたプロジェクトをリカバリーするにはコストを見直すしかない

第9章：コンサルタントに関する心得

第10章：DXの目的に関する心得

本書が、DXの取り組みを検討中、あるいはすでに取り組んで奮闘している社長やその周辺の方々にとって少しでも参考になれば幸いである。

2021年6月

永井 昭弘

第3章　DX人材に関する心得

第4章　DX推進組織に関する心得

第5章　最新デジタル技術に関する心得 ————— 103

第6章　デジタル投資に関する心得 ————— 115

第7章 RFPに関する心得 ———— 137

第8章 ITシステム開発に関する心得 ———— 151

第9章　コンサルタントに関する心得 ———————— 179

第10章　DXの目的に関する心得 ———————— 189

第 **1** 章

DX 全般の心得

心得 1 社長が先頭に立ち全社で取り組むのがDX、IT部門主体で行うのがシステム開発

　「最近よく耳にするDXとこれまでのシステム開発は何が違うのか？」と質問されることがよくある。答えは案外難しい。

　筆者なら**「社長が先頭に立ち全社で取り組むのがDX、IT部門主体で行うのがシステム開発（心得1）」**と答える。理由を説明していく。

　最初にDXという概念を提唱したエリック・ストルターマンのDXの定義はシンプルで抽象的だ。はじめににも記したが具体的には以下である。

「ITの浸透が、人々の生活をあらゆる面でより良い方向に変化させる」

　抽象的でシンプルなるがゆえに、いかようにも解釈できる。素直に読めば「ITが浸透すれば結果として、人々の生活は良くなる」ということだが、今、日本で流行っているDXは「企業はITをこれまで以上に用いて、経営や業務、仕事のやり方を変革せよ」といったニュアンスが強い。

　コロナ禍の影響もあり、日本だけでなく世界中で企業のビジネスモデルや働き方が変わらざるをえない時代に、DXという言葉は響きが良い。企業が生き残り、さらに発展していくためには必要なことだろう。

　だが、冒頭の「DXとこれまでのITシステムと何が違うの？」という問いに対してあいまいなまま、ブームだからといって飛びつけばどうなるか。中途半端な結果しか生み出せず、無駄な投資に終わりかねない。

　日本では経済産業省が積極的にDXという言葉を使って企業の変革を啓もうするようになり、それが今のDXブームを呼んだ。経済産業省のDXの定義は以下の通りである。

「企業がビジネス環境の激しい変化に対応し、データとデジタル技術を

当初のDXの定義

D=デジタル
X＝トランスフォーメーション

ITの浸透が、
人々の生活をあらゆる面で
より良い方向に変化させる

スウェーデンのエリック・ストルターマン ウメオ大学教授による定義

活用して、顧客や社会のニーズを基に、製品やサービス、ビジネスモデルを変革するとともに、業務そのものや、組織、プロセス、企業文化・風土を変革し、競争上の優位性を確立すること」

　ストルターマンの定義よりはかなり具体化しているが、それでも一般論の域を出るものではない。「要はITを導入しろということだろう」と表面的に理解されてしまうのも当然のことかもしれない。

心得2 自社のこれまでのやり方を抜本的に変革し、デジタル技術を用いて新しいビジネスモデルとそのプロセスを構築すること

　現在、日本のIT業界で使われているDXの意味は、当初ストルターマン教授が提唱したものとは異なり、企業のIT投資寄りにシフトしている。平たく言えば「多くの企業は激しいビジネス環境の変化に遅れているから、もっとIT投資をして変革を実現し、競争力を高めよ」という

ものになるだろう。

　ストルターマン教授の哲学的で趣のある表現と比べると、だいぶ生臭い感じだが、実際に日本のIT活用は企業だけでなく国レベルでも遅れている。今まさに真剣にDXに取り組まないと、いつの間にか先進国から中進国に成り下がってしまう状況にあり、経済産業省が積極的にDXの旗振り役を買って出ている事情もよくわかる。ここ数年が正念場だと筆者も思う。

　しかし、どうもこのブーム下の「DX」は、これまでの「システム開発」となんら変わらない意味で使われていることも多い。筆者もDXの意味をブームの熱気に「丸投げ」することを自戒し、改めて考えてみた。そしてX＝変革をするにはDだけでなく「A・B・C」に関してきちんと考えるべきと感じた。「A・B・C」とは以下だ。

AX＝アナログ・トランスフォーメーション
BX＝ビジネス・トランスフォーメーション
CX＝コーポレート・トランスフォーメーション

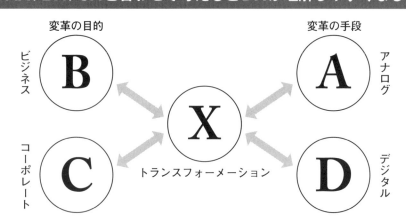

AX、BX、CXと合わせて考えるとDXが理解しやすくなる

変革の目的　　　　　　　　　　　変革の手段

ビジネス　B　　　　X　　　　A　アナログ

コーポレート　C　　　D　デジタル

トランスフォーメーション

　AX、BX、CXは筆者の造語ではない。DXほどではないが、各所でそこそこ使用されている言葉である。

　DXの対になるのがAXであろう。アナログの変革である。まず、アナログと言えば古くからの経営資源である「ヒト、モノ、カネ」だ。

　優秀な人材を年齢やジェンダー、国籍や学歴にとらわれず抜擢する。不動産や設備を見直す。資金調達の手段をあれこれ考える。

　さらに組織改編や採用方針の見直しなど、IT活用以前に社長の決断や組織の知恵を持って行うべき変革はいくらでもある。これらAXをおざなりにして、ITだけ新しいものにしても変革など起きないだろう。

　BXとCXはDXやAXの上位に置くべき概念である。「X＝変革することの目的は何か」といえばそれはB＝ビジネスやC＝コーポレート＝会社の変革である。

　BXはビジネスの変革であり、ビジネスモデルの転換や新規事業の創出などである。身近な例でいえば、それまで店頭販売だけの店がコロナ禍でそれが難しくなり、ECに切り替える、といったことだ。

　CXは会社の変革だから、概念としては最も上位であろう。会社の変革であるから、これまで内需中心の戦略を輸出中心に変革するようなBX的なものもあれば、ブラック気質の会社が経営者交代により、社員満足度を優先する会社に生まれ変わろうとする社風変革のCXもある。

　つまりBXとCXは変革の対象・目的であり、AX とDXは変革を実現するための手段である。こうして整理するとわかりやすいのではないか。

　今流行りのDXはAXもBXもCXもすべて含めた意味で使われたり（経済産業省のDXの定義はこれに近い）、あるいは先に指摘したようにこれまでシステム開発と呼んでいたものを単純に置き換えたりしただけの使われ方もある。混同されることがわかりにくさを生んでいるようだ。原因は、以下のようなものが考えられる。

・先にDXという概念があり、後から誰かがAX、BX、CXとDXをまねて造語したから

- DXという言葉の響きがなんとなくクールで、IT業界の売り込みを目的とした言葉としてキャッチーだったから。ベンダーの広告のほとんどはDXを用いる際にこのキャッチーさに「丸投げ」しているように見える
- そしてもう1つ、これは肯定的な理由だが、目的であるBXやCXの実現にDXが不可欠だから、である

　以前の企業変革の主たる手段はAXが中心だったが、現在の変革にはアナログよりもデジタルの活用が効果的であり、変革の方向によっては「目的と手段が一体化」する場合さえある。**企業の変革に取り組むにあたり、まずはX＝変革の目的としてBCを考え、そして手段としてのADを考える。**「X＋A・B・C・D、目的は紀元前（BC）、手段は紀元後（AD）」とでもすれば覚えやすいだろう。

　そして自分なりにDXとは何かを言葉にしてみるとよい。変革実現の第一歩は考えることである。ストルターマン教授の定義より現実的に、経済産業省の定義よりシンプルに、筆者も自分で考えてみた。

　DXとは「**自社のこれまでのやり方を抜本的に変革し、デジタル技術を用いて新しいビジネスモデルとそのプロセスを構築すること（心得2）**」。いかがだろうか。

心得 3　大事なのはXである。デジタルは不可欠な手段であるが目的ではない

　DXのDとXのうち、D＝デジタル＝ITは手段であり、X＝トランスフォーメーション＝変革が目的だ。時代に合わせてビジネスやマネジメントを変革しなければ企業は生き残れない。**大事なのはXである。デジタルは不可欠な手段であるが目的ではない（心得3）。**

　「ITによくある一時的な流行り言葉で、どうせすぐに廃れるはず」と

見ている人もいるかもしれない。たしかにこれまでITの世界では早い
サイクルで流行り廃りがあった。DXという単語はもしかしたら数年後
は聞かれなくなるかもしれない。しかし、はじめにでも書いたがDXの
本質的な意味やビジネスや生活に与えるインパクトは非常に大きい。

組織は変革を嫌う

　会社や役所などのほとんどの「組織」は変化を嫌い、現状維持が基本
となる。変化の兆しがあればそれを排除する方向に力学が働く。

　同調圧力が強い日本の組織では、組織が自律的に変化していくことは
まれだ。特に役所や重厚長大産業など古くからの強固な組織によって成
り立ち、人事評価が加点主義ではなく減点主義の組織ではなおさらであ
る。

　組織の壁に風穴を開けることができるのは、企業のトップである社長
だけだ。創業社長やオーナー社長だけではない。任期が決まっているサ
ラリーマン社長であっても、強い決意があれば自社を変革できる。

　逆に、トップが変革の意思が薄弱のまま「DXとやらが流行っている
みたいだから、経営企画とIT部門で研究しなさい。とりあえず任せる。
報告は役員会でせよ」ではDXは間違いなくとん挫する。

　「DXはIT部門に任せる」という姿勢ではダメである。それではDXで
はなく単なるシステム導入である。

　「社長を筆頭に経営陣が考える。変革の実現のために必要なのでIT部
門と一緒に取り組む」。企業の変革が目的なのだから、社長が最初に取
るべき姿勢はこうでなければならない。

　DXのプロジェクトチームでは社長自らがプロジェクトオーナーにな
り、できるだけチームミーティングにも参加する。こんなことを言うと
「社長は多忙だから、それは無理だ」という反論があるだろうが、企業
変革以上に重要な社長の仕事とは何なのだろうか？

　本気でトランスフォーメーションしようとすること以上に大事な仕事

はないはずである。任せるという言葉で実際には部下に「丸投げ」する
なら本気ではない。

テレワークは社長次第で結果が変わる

　一気に普及したテレワークを例に、DXの推進に当たって社長とIT部
門が果たすべき役割の違いを説明したい。

　ビデオ会議のZoomなどを使って、出社しなくてもとりあえず仕事が
できる環境を物理的に用意するのはIT部門の仕事である。

　しかしこれだけでテレワークは機能しない。テレワークをスムーズに
行うためには以下の3点が必要である。

①ネットワークや機器などのテレワークを行うためのITインフラが高
　速かつ堅牢であること
②テレワークに適した仕事のやり方を行うこと
③会社がテレワークとリアルワーク（出勤や営業外回りなどこれまでの
　仕事の仕方）の混在に対応した勤怠ルールや人事評価制度を構築する
　こと

　テレワークというとどうしても①のツールやネットワークなどのテク

テレワークを例にしたDXとIT化の違い

DX

社長が先頭に立つ
システム・組織・人事の整備
目的は働き方改革

これまでのIT化

IT部門が中心
ネットワーク・ソフトウエアの整備
目的はオンライン会議の実現

ノロジーの話になりがちだが、それらはIT部門に任せてよい。社長にとっての課題は②と③である。課題というよりは個人や企業間に格差を生む要因といったほうが正確かもしれない。

　②と③はどちらも会社のほぼすべての部門がかかわるものであり、IT部門だけでは担当できない。トップがリーダーシップを持って取り組むしかない。**テレワークが単なるビデオ会議の導入に終わるか、それとも働き方改革を成し遂げることができるかはトップ次第**だ。

基幹システム再構築を変革につなぐのも社長

　別の例を挙げよう。経産省がさかんに旗を振っている「レガシーシステム問題」、すなわち老朽化したITシステムの問題だ。

　レガシーシステム問題のなかでも、基幹システムの再構築はトランスフォーメーションの好機である。しかし、多くのユーザー企業が従来同様の手法、すなわち「これまでの業務フロー、やり方にできるだけ合わせるため、パッケージにアドオン・カスタマイズをガンガン行う」を続けては、変革は起こせない。

　極論になるが、パッケージをそのまま利用し、業務をパッケージに合わせれば変革は起こせる。ただしエンドユーザーをはじめとしたシステム利用部門の猛反発が起きることは必至だ。こうしたときに、IT部門では反発を押さえ込めない。

　パッケージをそのまま使うのは言うは易し行うは難しである。成功するとすればその最重要要因は社長の不退転の決意と社員への説明力しかない。

　業務のインフラとしてのIT導入はすでに一回りし、**これからは事業の差別化にITが大きな役割を果たす**。まさに企業にDXが求められる理由である。これからの新たなビジネスモデルの大半はDXにより生まれるから、ITの先進的な活用はそのベースとなる。

　DXという難しそうな言葉にひるんで部下に丸投げする社長と、変革

は社長の仕事と先頭に立つ社長、その差が今後の業績にどのように現れるか、比較するまでもないだろう。

心得4　社長の最大の仕事は「決める」ことである

　筆者はITコンサルタントであると同時に、四半世紀にわたってイントリーグという会社の社長を務めている。以前、ある中学校で生徒を対象に講演する機会があり、ある生徒から「社長の仕事で一番大事なのは何ですか？」という質問を受けた。それに対して「決めること」と回答した。そうだ。**社長の最大の仕事は「決める」ことである（心得4）。**

　社長の立場を表す話として「社長と専務の距離と専務と平社員の距離とでは、社長と専務の距離のほうがずっと遠い」というものがある。これは、企業の最終決断者である社長の立場を明確に示している。「社長は孤独である」と言われるのもその立場ゆえであろう。

　「決める」のはなかなか難しい。判断を下すには情報や知識が必要で

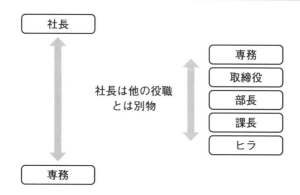

最終決断者である社長と他の役職では立場がまったく違う

社長

社長は他の役職
とは別物

専務
取締役
部長
課長
ヒラ

専務

あるし、結果責任も伴う。だから活力に乏しい、なれ合いの組織では「決める」役割を誰も引き受けたがらず、あいまいなまま物事が進む。失敗したとしても、誰も責任を取らない。

　DXに不可欠なシステム開発の現場でも、プロジェクトの雲行きが怪しくなると同様の現象が見られる。失敗の理由を発注者とベンダー、あるいは発注者内のIT部門とエンドユーザーが双方になすり付け合う。それでいて、徹底的に相手に対して責任追及するわけでもなく、双方に都合の良い「落としどころ」を見つけて手打ちにする。

　「大人の対応」と言えばそれまでだが、やはり本質的には責任をはっきりさせるべきだろう。責任の所在を突き詰めていくと、必ず**「決めるべき時に、きちんと決めたのか」**という問題にたどり着く。

決めるのは発注者の役割

　システム開発において「決める」という役割の多くは発注者にあると認識すべきである。だが現実にはユーザーが決められないことが多い。ユーザーがなかなか決めることができずにスケジュールが遅延する。きちんと決めずにあいまいなまま次工程に進み、やがてテストフェーズでそのツケが回り、問題が噴出し、てんやわんやとなる。

　こういったトラブルはほとんどが決めるべき時にきちんと決めていないのが原因である。といっても現場では簡単に決められないこともある。繰り返しになるが決めるのは発注者、最後は社長の仕事である。

　ベンダーは発注者が決断を下せるようにするために、提案をする、対案を出す、過去の知見からアドバイスをする、製品情報などを提供する、といった支援を行う。そして「決めた」ことをできる限り正確に実現するシステムをつくるのが役割である。

　もちろんベンダーにも「何を提案するか」といったことや、進捗遅延が発生した場合の人員計画の見直しなど大事な「決める」べき事柄はたくさんある。発注者とベンダー双方が早め早めにそれぞれの責任範囲の

課題を決断できれば、システム開発プロジェクト、ひいてはDXの成功率は高まる。

心得 5 DXは社長がプロジェクトオーナーを務めるのが理想

　プロジェクトオーナーという言葉がある。DXであれ従来型のITであれシステムを構築することに変わりはない。

　システム開発などプロジェクト型の仕事をする場合、中核となって働くのはプロジェクトマネジャーである。プロジェクトマネジャーの任命者であり、また費用の決裁責任者でもあるポジションをプロジェクトオーナーと呼ぶ。

　プロジェクトの実作業はプロジェクトマネジャーの下でスタッフが行う。プロジェクトに生じる個々の作業をマネジメントするのはプロジェクトマネジャーの仕事である。**プロジェクトマネジャーが困ったときの相談相手を務め、スケジュールやコストの変更が必要となった場合、採**

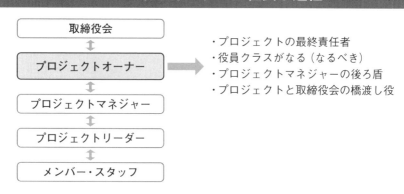

プロジェクトオーナーは社長が適任

```
取締役会
　⇅
プロジェクトオーナー
　⇅
プロジェクトマネジャー
　⇅
プロジェクトリーダー
　⇅
メンバー・スタッフ
```

・プロジェクトの最終責任者
・役員クラスがなる（なるべき）
・プロジェクトマネジャーの後ろ盾
・プロジェクトと取締役会の橋渡し役

否の決定とこれに伴う最終責任を負うのがプロジェクトオーナーの仕事
だ。

　プロジェクトオーナーは役員クラスでないと務まらない。プロジェク
トに関する人事権と決裁権を持ち、さらに部門横断的に問題解決できる
視野と権限を持つとなると、**DXは社長がプロジェクトオーナーを務め
るのが理想（心得5）**だと思う。大企業はともかく、人材の少ない中小
企業においては特にそうだ。

　特にDXのような会社の命運を左右する変革プロジェクトでは迅速な
意思決定が、成功の最重要要因となる。会社で最も早く重要な意思決定
ができるポジションは社長のはず。DXでは社長がプロジェクトオーナー
になるべきだ。

理解されないプロジェクトオーナーの重要性

　現実には、まだプロジェクトオーナーという役割が理解されず、社長、
役員はおろか担当不在のままプロジェクトが進むケースが散見される。
プロジェクトに何か問題が発生した場合は、できる限り早くその問題に
気がついて、手を打つことが重要である。**早期に対応できれば、傷は浅
く、やり方によってはコストやスケジュールにほとんど影響を与えるこ
とがなく解決する**場合もある。

　逆に、問題が発生しても、見て見ぬふりをして、なんとかならないか
と希望的観測で放置し、**隠しきれない状況になってから対処しようとす
ると膨大なコストや時間を要する**。また不毛な責任の擦り付け合いが始
まってしまう。

　プロジェクトマネジャーが潜在的なリスクやすでに顕在化した問題を
早期にプロジェクトオーナーに相談できる体制があれば、トラブルを回
避できる確率は高まる。具体的な打ち手が必要な場合も、プロジェクト
オーナーが早期に意思決定できれば安いコストで済むことが多い。

DX成功には、進む方向がきちんと決まっているのが重要だ

　繰り返すが、経営改革の一環として社長が自ら先頭に立つことがDX推進の最大の成功要因となる。企業において社長以上に強力な推進エンジンはいないからである。

　ただし推進エンジンの強さに加えて、**DX成功には、進む方向がきちんと決まっているのが重要だ（心得6）**。強力な推進エンジンを持つ社長であっても、「進む方向」をうまく社員に伝えることができず、一丸となって同じ方向を目指せなかったために、変革が失敗に終わることが少なくない。

　この失敗の原因は社長と社員では物事に対する目線が異なることが一番大きい。以下のような点から目線の違いは生じる。

・社長は会社全体を俯瞰的に見なければならないが、社員は自分の仕事や部署を中心に見る。
・社長は他社の経営者や外部のコンサルタントなどと話す機会がある。例えば経営者の集まる商工会、業界団体、異業種交流会などに参加したときだ。しかし、社員にはそのような機会はあまりない。
・地方企業の場合、社長は結構な頻度で東京に出張することがある。そのときに新しい情報や状況を直接見たり、聞いたりする。社員は東京の顧客を担当する営業担当者以外はほぼ出張の機会はないはずである。

　このことを理解せずに、いきなりトップダウンでDXを進めても社員たちは「社長の道楽がまた始まった」と冷ややかにとらえてしまう。表面上はハイハイと従っても、DXの目的や意味を理解して行動していないので、効果の上がらない無駄な動きにしかならない。

社長と社員では目線が違う

社長の目線		社員の目線
トップダウン 会社全体 外部との交流機会は多い （自分でつくれる）		ボトムアップ 自分の仕事の範囲 外部との交流機会は少ない （社長次第）

　社長が先頭で旗振り役になってDXを進めても効果が生まれないと、「ウチの社員はダメなやつばかりだ」と愚痴の1つも言いたくなる。しかし、うまくいかない原因が、社長がきちんと説明できず会社のベクトルが1つにならないから、であれば社員をなじったところで問題は解決しない。

　DXを進めるには、社内の理解が必須だ。まずは「右腕」となる幹部から、そして次は変革に興味や期待を持っている若手社員といったように社長の考えに賛同する社員を順次増やしていきたい。

 心得7

デジタル＝ITの活用なくして新規事業の成功はありえない

　DXで目指すべきものの1つに新規事業がある。社長にとって最もエキサイティングでありながら苦労も多いのが、新規事業の立ち上げだ。

　新規事業を立ち上げるのにはなんらかの理由がある。既存事業が以下のような場合は、背水の陣で新規事業に打って出ることだろう。

・既存事業が頭打ちで拡大の余地がない

・上記よりもっと悪い状況、すなわち市場全体が縮小して拡大どころか存続すら危うい
・大手企業が参入してきて、体力的に勝ち目がない

逆に既存事業が好調でさらなる事業拡大を求める場合もある。

・既存事業のコアスキルが他の領域にも競争力がありそうなので、新市場に進出する
・資金的な準備が可能なので他企業に対してM&A（買収・合併）を行い、事業拡大を図る
・社長が以前からどうしてもやってみたい事業があり、好業績のタイミングを生かしてチャレンジする

　新規事業といってもすでに存在する市場に乗り込むのと、誰もやっていない事業を開発し先駆者を目指すのではやり方が違う。どちらにも共通するのは「**デジタル＝ITの活用なくして新規事業の成功はありえない（心得7）**」ということだ。

　例えばすでに存在する市場に参入する場合、先行企業との差別化が必要になる。商品やサービスの品質の高さや適切な価格設定、デザインの素晴らしさなどが競争力となるので競争力の源は社員＝人間の創造性によるところが大きいだろう。

　一方で創造性から生まれたものを拡大生産したり、マーケティングで市場に広めたりするにはデジタルが不可欠だ。また商品の適切な生産管理や販売管理、在庫調整などにもデジタルが利用される。

　新しい市場を開拓する場合もデジタルは必要だ。どんなに素晴らしい商品やサービスでも消費者に知ってもらわないと売ることはできない。そのためにはWebサイトで告知したり、クラウドファンディングを利用してテスト販売と消費者からのレビューを同時に行ったりするなど、デジタルを駆使する場面はいくらでもある。もし競合会社がデジタル活用

これからの新規事業はデジタル活用なしにはありえない

商品・サービス　　　デジタル活用・プロセス

・品質の高さ
・適切な価格設定
・コンセプトに
　合ったデザイン

DX

・的確な生産・販売管理
・正確な市場調査・分析
・WebやSNSの活用

に積極的だったなら、競争に勝つにはそれ以上に活用しなければ勝ち目はない。

ECサイトも有効

　販売の方法としてECサイトも検討すべきだ。すでに広く普及しているので「いまさら」と思うかもしれないが、コロナ禍の影響もあり店頭販売中心に行っていた企業や商店がどんどん参入している。

　以前は楽天やアマゾンなどに加盟するか、自前でECサイトを構築するのが主流だったが、最近ではBASEやSTORESといった安価で簡単に始めることができるサービスもある。やるかやらないか議論する前に、これらのサービスを利用して小さくテスト販売してみるのも一手だ。

　デジタルマーケティングも販売拡大には欠かせない手法となってきた。これにはさまざまなやり方がある。コストがかからない方法としては以下のようなものが代表的だ。

・自社で商品紹介のブログを書く
・SNSで情報発信する

・名刺交換した相手にメールマガジンを送る

　費用をかけてもよいのであれば、予算次第でいろいろある。

・Google広告などの有料検索広告を使う
・自社のWebサイトが検索で上位に表示されるようSEO（検索エンジン最適化）対策を専門会社に依頼する
・閲覧者の興味に関連性の高そうな広告を表示するといった、より高度なマーケティングを広告会社などに依頼する

　「効果がわからない」「コストが怖い」といった意見もあるだろうが、それならば**最初は小さく試して、少しずつ拡大していけばよい。変革を行う上で失敗はつきものだ。大失敗は避けねばならないが、小さな失敗は昔から言うように「成功の母」になる。**
　「商品やサービスのコアコンピタンスはデジタルではない。デザインや機能、品質だ！」と反論する社長もいるだろう。それは否定しないし、その通りだと思う。だからこそ、逆にその商品やサービスの良さを伝え、生産や流通の管理をするインフラとしてのデジタルがきちんと整備され適切に使われていなければ、どんな良いものでも砂上の楼閣にあるようなものなのだ。土台が弱ければ勝負にならない。

 心得8　**デジタルを駆使して、ユニークなビジネスモデルが構築できれば自立した経営が可能になる**

　さまざまな分野で「AIによる審査で最短30分」「ロボットが受付をするホテル」といったように、これまで人間が行っていた仕事をAI（人工知能）やロボットが代行するサービスがちらほらでてきた。技術の進化のスピードはある時点から急カーブを描くことが多い。最先端技術だ

と思われているかもしれないがそう遠くないうちに一気にAIやロボットが普及する可能性が高い。DX時代の到来である。

　ちらほらの段階では「ウチの会社のどこにAIを使うのか？」という企業も多いかもしれないが、同じようなことが20年前にあったのを思い出してほしい。

　インターネットだ。1998年ころまでに大企業ではWebサイトとメールの利用は普及していたが、中小企業、特に地方の企業ではあまり使われていなかった。「インターネットは当社にはあまり関係ないよ」と話す社長に何人も会った。

　それが2003年くらいには一気に広まった。「インターネットなんて」と否定的だった社長たちも「インターネットくらい使えて当たり前」と180度方向転換だ。現在、インターネットを使わないで仕事をしている会社はまれだろう。

　同様の事象がAIやロボットでも起こると思われる。技術の進化だけが理由ではない。**日本では、少子高齢化による人手不足がさらに深刻化するからだ。**

　仕事があっても社員がいない。長年培ってきた技術の継承者がいない。さらに会社の経営を継いでくれる人もいない。少子高齢化による影響は、すでに地方では現実の問題となっている。都市部でも同じ悩みを抱えている企業は少なくない。

　このような状況においてAIやロボットは救世主となる可能性がある。経理や営業補助のような仕事は社内でRPA（ロボティック・プロセス・オートメーション＝ソフトウエアロボットを使って主にパソコンで行う作業を自動化すること）を導入したり、仕事そのものをアウトソースしたりすることで人手不足を補える。

　技術の継承においても、職人の動作や加工状況などの動画や各種解析データをAIが分析して、分析結果をロボットが再現する日がやってくる。経営の後継者だけは人間でないと務まらないかもしれないが、社長にとって、AIやロボットはもはや他人事ではない。中長期的な重要な

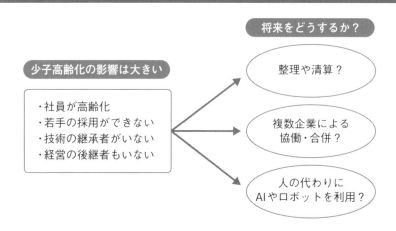

AIやロボットが企業の救世主になる可能性

将来をどうするか？

少子高齢化の影響は大きい

・社員が高齢化
・若手の採用ができない
・技術の継承者がいない
・経営の後継者もいない

整理や清算？

複数企業による
協働・合併？

人の代わりに
AIやロボットを利用？

経営課題としてとらえるべきだ。

　「ウチには先進的なデジタル活用など無理。大企業の後追いで十分」と考える社長もいるだろう。あながち間違いとはいえない。しかし、その考えでは大企業の下請けに徹するのなら事業継続は可能かもしれないが、自立して経営していくとなるともの足りない。

　デジタルを駆使して、ユニークなビジネスモデルが構築できれば自立した経営が可能になる（心得8）。

心得
9

仕事内容を定期的に分析し、適切な人とシステムの配分を決めるのは社長の仕事

　一昔前は経営資源と言えば「ヒト、モノ、カネ」の3つだった。この3つで一番重要なものはやはり「ヒト」である。人材、さらには人財といった表現を用いている会社もある。

　DXの時代にも、優秀な人材が最も貴重な資源であることに異論はな

い。しかし何をやってもらうかを考えないと無駄使いになることを真剣に考える必要がある。

　人がやるべきこと、人のほうが得意なことは何か？　システムでやったほうが安上がりで効率的なことは何か？　自社の仕事を棚卸しして、**仕事内容を定期的に分析し、適切な人とシステムの配分を決めるのは社長の仕事（心得9）**である。

　仕事もシステムも進化する。例えば、インターネットで競合会社の販売価格を調べて、自社の販売価格と比較し、価格調整を行うか否か決めるといった仕事があったとしよう。以前は人がインターネットを検索して、人の目で価格を調べて、Excelや社内システムに価格情報を打ち込み、それを会議で見て議論して判断するといったプロセスが普通だった。このプロセスを今でも行っている会社もあるだろう。

　もし1人の社員だけで検索調査を行うとすれば、勤務時間8時間のデータしか拾うことはできない。しかし、システムなら24時間データ収集可能である。

　インターネットを検索して価格を調べて入力する仕事は定型的であり、一度覚えれば誰でもできる仕事だ。このようなルーチンワークに「優

デジタルで人間がやっていた業務を自動化する

インターネットで競合の販売価格の調査・比較

システムなら24時間調査できる
RPAなら処理の自動化も可能

人なら勤務時間の8時間
24時間やるなら3交代シフト必要

秀な人材」をあてるのはもったいないと誰もが思うはずだ。

　それでは「優秀ではない人材」をあてるのか？　本音ではそう思っている社長がいたとしても、ストレートに「そうだ」とは言えない。言ったらパワハラである。「優秀でない人材とシステムが同じ仕事ができるとしたらどちらにやらせたいか？」と質問すれば「システム」と答える社長が多いのではないか。

　上記の仕事はRPAを使えば、インターネット検索からデータの入力までを24時間自動で行うことができる。さらに競合価格と自社価格の差分の閾値を設定しておけば、閾値を超えたら価格調整というロジックを組み込むことで、より高度な自動化も可能だ。

　近い将来、閾値の設定をAIで行うことも可能になるだろう。過去データから季節や製品入れ替え時期などを考慮してより適切な価格や閾値の設定をAIが行うのである。

　人はそのような業務から離れ、新規事業の企画や対顧客コミュニケーションといった人が得意な仕事を担当するのだ。遠い将来の話ではない。一部ではすでに行われている。これがDX時代のあるべき企業の姿だ。

心得 10　「自分（自社）は何を最も重要な経営指標にしているのか」を決めるのは社長の仕事

　社長が会社を経営していく上で、経営情報の活用は重要だ。では、経営情報とは具体的には何だろうか？　数年前に、ビッグデータという言葉が流行したが、DXの時代では収集できるデータの種類も量も増えている。データ活用・分析の重要性はさらに高まっている。

　貸借対照表や損益計算書のような経理関連の情報はもちろん社長は見るべきだ。売上高や営業利益、経常利益といった金額やそれぞれを構成する粗利やコストなど、そして営業利益率や経常利益率といった「割合」の把握も必須だろう。

しかし、前述の情報は社長でなくても、営業や経理・財務のマネジャークラスであれば、誰もがチェックする。いわば会社の基本的な情報であり、特別なものではない。

社長が常に気を配るべき情報は、自分自身が決めた経営方針に合致した指標となるデータや数字であるべきだ。

例えば以下のようなものである。

・とにかくシェアを上げたいので、販売数量を増大させたい。その場合は、販売数量と売上金額が最優先チェック事項となる。
・売り上げではなく、営業利益を増やしたい。その場合は、販売価格（値引きの有無）とコスト（販管費など）が見るべき情報となる。

実際の会社経営は複雑であり、社長が見るべき情報は多岐にわたるので、上記の例は両方とも見る場合が多いだろう。だが、多くの情報があると往々にして「眺める」だけになってしまう。いわゆる「情報過多」というやつだ。

自らの経営方針に沿った指標を分析する

我が社の
強味は？ 弱みは？

利益額増大か？
利益率向上か？

競合他社の動きは？
3年先の市場はどうなる？

シェアを取りに行くか？
ニッチを狙うか？

ITシステムを利用すればさまざまな情報を簡単に出すことができる。BIツール（ビジネス・インテリジェンス・ツール）のような経営情報をデータベースから切り出す便利なソフトウエアもたくさんある。多様なデータの収集が可能になったことでこれまでは難しかった独自の情報分析も可能になっている。

情報の収集や取得はその気になれば簡単である。**難しいのは「どの情報をどのように分析し、判断するか」**だ。

それを短時間で効率的・効果的に行うためには、**社長自身が「自分（自社）は何を最も重要な経営指標にしているのか」を明確にしていることが重要だ**。売上高なのか、シェアなのか、利益率なのか？　あるいは製品1つあたりの原価率なのか、営業担当者1人当たりの営業利益率なのか？

会社の経営方針と合致する重要な経営指標をいくつか決めて、まずはその指標に関する情報を最優先に見て状況を理解する。その上で関連する他の情報にも目を向けて会社の状況を把握する、といったことが社長には求められる。

「自分（自社）は何を最も重要な経営指標にしているのか」を決めるのは社長の仕事（心得10）だ。DX推進のためにも重要である。

心得11　日本はDXへの取り組みが明らかに遅れている

経営者と話しているとしばしば「日本の生産性は低い」という話題になる。口々に「日本ももっと生産性を向上させないと、このままではまずいよ」と話すが、その姿勢は完全に評論家モードだ。自社の生産性のことには触れず、新聞やネット記事に出ていた内容をお互いになぞって、それで満足している感じである。

経営者なので日本の生産性の低さが国際競争力低下の原因の1つであ

ることくらいは、当然知っている、ということなのだろうか。日本の国内にいて見える範囲だけ眺めていたらどこの会社の生産性も五十歩百歩なので「生産性の低さ」を実感することは難しいのかもしれない。

だが、米国の東海岸、西海岸、中国の北京、上海、あるいはシンガポールに行く機会があれば、日本との生産性や効率の違いを痛感させられるはずだ。これを実現しているのはデジタルだ。はっきり言えば、**日本はDXへの取り組みが明らかに遅れている（心得11）**。

一例がキャッシュレスである。今、ニューヨークやサンフランシスコに行って現金を使う機会はほとんどない。ほとんどの支払いはクレジットカードかApple Payで済ませる。2020年1月に筆者がサックス・フィフス・アベニューという百貨店で意図的に現金で買い物をしてみると、店員が少し驚いた表情で対応していたのが印象的だった。

タクシーでクレジットカード払いが可能なのはもちろん、ウーバーやリフトといったライドシェアの場合は、クレジットカードの情報をアプリに登録しているので、スマホだけで簡単に支払いを済ませることができる。数ドル程度のフードコートで支払いもほとんどの米国人はカードで済ませている。上海はさらに電子マネーの普及が進んでいると聞く。

日本はDXでは先進国ではない

すべてが遅れている

| ライドシェア | ITによるコロナ対策 |
| 行政の電子化 | 暗号資産の税率 |
| キャッシュレス |

生産性向上せず
国際競争力低下

IT先進国に比べ、2歩、3歩いや1周遅れかも

・強固な岩盤規制/既得権
・リスクを騒ぎ立て、メリットを軽視
・変革者たちへのインセンティブが低い

キャッシュレス以外にも前述したライドシェア、さまざまな予約サービスや顧客へのギフトの提供などがスマートフォンのアプリやWebサイトから提供される。利用は簡単だ。提供側の企業には人件費を大幅に削減できるというメリットがある。

　ニューヨークやサンフランシスコ、上海、シンガポールのような生産性の高いエリアに共通するのは、「給料が高く、物価も高い」ということだ。例えばラーメン屋で比較してみると、以下のような感じになる。

日本：ラーメン1杯1000円、バイトの時給1000円
米国：ラーメン1杯20ドル（約2200円）、バイトの時給20ドル＋チップ

　物価も2倍だが給与も2倍だ。現地で生活していれば日本も米国も生活水準は変わらないだろう。だが米国人が日本に来たら「日本は安い！」と大喜びするだろうし、日本人が米国に行くと食事代が高くて絶句する。**生産性と効率の低さが世界との経済力の差となって如実に現れているのを社長は知らなければならない。**

心得 12 　時間とコストを削減できるので、企業にとってオンラインは都合が良い

　前節に続いて米国での経験ということで、実際に経験したDXの実例を挙げたい。筆者は2008年から2020年まで13年連続で米国のラスベガスで開催されるCESに参加してきた。以前はConsumer Electronics Showが正式名称でCESは略称だったが、現在はCES（シーイーエス）が正式名称である。

　2021年はコロナ禍でリアルなコンベンションは中止となり、完全オンラインでの開催となった。昨年12月上旬の参加登録受付開始と同時に申し込み、1月11日のCES初日を迎えた。

　ログインするとクールなトップ画面が現れた。もちろんすべて英語である。問題は動画だ。オンラインCESのメインコンテンツは動画であるし、説明などのトークは基本すべて英語である。これはラスベガスに行ったつもりで全集中して頑張るしかない、と気張っていたら多くの動画に多言語での字幕サービスがあり、日本語字幕も用意されていた。ただし、字幕の日本語は少し不自然で、自動翻訳の精度向上にはもう少し時間が必要だと感じた。インターフェースは総じてわかりやすく、全体的な評価としてさすがはCESといった感じだった。

　2022年のCESがオンラインなのかリアルに戻るのか現時点ではわからない。日本国内の展示会やセミナーもどうなるのかも読みにくい。

　ただし、コロナ前の展示会にそのまま戻ることはないだろう。仕事のやり方も同様で、コロナが落ち着いてもオンライン会議は定着する。**時間とコストを削減できるので、企業にとってオンラインは都合が良い（心得12）**のだ。しかし、中高年は慣れ親しんだリアルのほうが力を発揮しやすい。いわばリアルの世界の番長だ。その番長だがリアルなら10の力がオンラインだと半分の5になる。一方、デジタルネーティブな若者はリアルでもオンラインでも10の能力を出せる。

　オンラインCESでいえば、多少英語ができるレベルの中高年とバイリンガルでデジタルネーティブな若者では視聴できる量と獲得できる情報量ともに数倍の差が出るかもしれない。企業としてはコストの安いオンライン環境で10の力を存分に発揮する若手を重用し、リアル番長の中高年を淘汰していく流れはむしろ自然なのだろう。

　「コロナ禍だから今はしかたがない。終息すればまた元に戻り、自分は活躍できる」とコロナにすべてを「丸投げ」して変化を見ずに楽観していると、痛い目を見るだろう。今は飲食店や観光業界への影響が話題となっているが、その陰で中高年のホワイトカラーにも危機が忍び寄っている。

心得 13 DXの成果を出すためにはITシステムの開発だけでなく準備と訓練が重要だ

　これもまた筆者が経験したDXだ。少し前になるが、筆者はある大手外資系IT企業からオンラインによる営業訪問をメールで打診された。

　どのようなアプローチをしてくるのか興味があったので承諾し、Web会議による「初回営業訪問」を受けた。この営業担当者とはリアルはおろかオンラインでも初対面だ。筆者は仕事柄、テレワークを積極的に行い、頻繁にオンライン会議も行っていたので、慣れている自信があった。ところが、この担当者のWeb初回営業訪問を受けて驚いた。何に驚いたかというと、初対面のアイスブレークから本題に入るまでの流れや、画面共有による商品紹介資料の展開が非常にスムーズで優れていたのである。個人の資質もあるかもしれないが、この企業が全社で「準備と訓練」をしていることは明らかだった。

　筆者は日本IBMに新卒で入社した。入社2年目に初めてお客様先でプレゼンテーションする機会をいただいた。プレゼン後にお客様から聞い

単に導入しただけでテレワークの効果は生まれない

テレワークに適した
　仕事のやり方を

考える

準備する

訓練する

テレワークのメリットを享受

足とネットの二刀流を実現

た言葉が今でも忘れられない。それは「IBMが国内ベンダーと違うのは値段の高さとプレゼンのうまさ。IBMの人はみんなプレゼンが上手だ。訓練されているのがよくわかる」

テレワークに適した仕事の仕方、営業の仕方を考え、準備と訓練を行う会社はテレワークのメリットを享受し、大きな果実を手に入れることができる。テレワークに限らない。 **DXの成果を出すためにはITシステムの開発だけでなく準備と訓練が重要だ（心得13）。**

逆にいつまでも過去の固定観念にとらわれて「事務はテレワークでできても、営業は無理。営業は足だ！」という会社は衰退するだろう。「足」の営業は今後も重要な手段として残るだろう。それでもDXの進展で「足とネットの二刀流」になるのは間違いない。

第1章　心得まとめ

心得1：社長が先頭に立ち全社で取り組むのがDX、IT部門主体で行うのがシステム開発

心得2：自社のこれまでのやり方を抜本的に変革し、デジタル技術を用いて新しいビジネスモデルとそのプロセスを構築すること

心得3：大事なのはＸである。デジタルは不可欠な手段であるが目的ではない

心得4：社長の最大の仕事は「決める」ことである

心得5：DXは社長がプロジェクトオーナーを務めるのが理想

心得6：DX成功には、進む方向がきちんと決まっているのが重要だ

心得7：デジタル＝ITの活用なくして新規事業の成功はありえない

心得8：デジタルを駆使して、ユニークなビジネスモデルが構築できれば自立した経営が可能になる

心得9：仕事内容を定期的に分析し、適切な人とシステムの配分を決めるのは社長の仕事

心得10：「自分（自社）は何を最も重要な経営指標にしているのか」を決めるのは社長の仕事

心得11：日本はDXへの取り組みが明らかに遅れている

心得12：時間とコストを削減できるので、企業にとってオンラインは都合が良い

心得13：DXの成果を出すためにはITシステムの開発だけでなく準備と訓練が重要だ

DXを成功させる
社長の心得

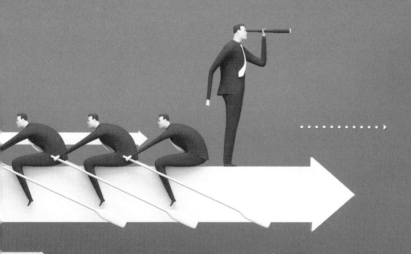

社長が試行錯誤することはPoCの好例でもある

　DX時代の社長はどうあるべきか。テレワークを例に考えてみたい。社長の働き方のイメージはどんなものだろうか？　一昔前であれば、社長はベンツやクラウンなどの高級車に運転者付きで会社に通い、広い社長室の立派な椅子に座る。なにか用事があれば社員を社長室に呼びつける、というイメージだった。

　だが現在の社長は違う。会社にこもるのではなく、常に飛び回って会社にはほとんどいない社長が増えている。社長室にいることが少ないどころか、社長室など持たず、社内外をあちこち飛び回る。

　引きこもり型でも優秀な経営者はいるし、行動型でもただ遊んでいるだけの社長もいる。それでも、これからの社長に求められるものは？と質問されたら「軽快なフットワーク、多種多様な人脈、そして迅速な意思決定」との回答が多いのではないか。会社の社長室にこもっていたらこれらの獲得は難しい。積極的に社外との接点を求めてこそ身につくものだ。

　テレワークのメリットはどこでも仕事ができること。常に飛び回っている社長は当然のことながらテレワーク実践派である。

　会社に来なくても在宅勤務やコワーキングスペースの利用、あるいはモバイルで駅や空港、ホテルなどでいつでもどこでも仕事ができるのは慣れると本当に便利だ。筆者自身もコロナ禍のずっと前からテレワーク派である。

　複数の仕事や社外活動があり、コンサルタントとして現場にも入るから出張も多い。事務所には勤務時間の半分もいない。「社長元気で留守がいい」を実践している。

テレワークのスタイルもDXで進化

　少し詳しく見ると、テレワーク型の社長は「旧型」と「新型」の2つに分けることができる。

　旧型は、会社のマネジメントは番頭さんである専務などの役員に任せて、もっぱら営業に励む馬力型のタイプ。このタイプの社長は今でも携帯電話を好む。会社への連絡や取引先とのやり取りは基本的に携帯電話だ。

　携帯は便利だし、電話だからこそ効果的という場合もある。テレワークの重要な道具の1つである。しかし、電話は一方的に相手の時間を奪うことを忘れてはならない。録音でもしない限り「言った、言わない」の原因にもなる。

　新型は、あちこちを飛び回りながら会社のマネジメントも自らこなす社長である。こちらの社長は携帯電話をあまり使用せず、取引先との連絡はメール、自社内のやり取りはチャットツールやグループウエアを主に利用する。社長決裁などもよほど金額が大きくない限り、自宅や出先からワークフローシステムで迅速に決済する。

　外に出ても自社や取引先の状況をリアルタイムで把握できれば、いつでも適切に判断できる。これこそDXを推進して実現すべき経営スタイルだろう。

　DXを実施する際によく取られる手法に「PoC（Proof of Conceptの略称。概念実証。ピーオーシーまたはポックと読む）」がある。要は本格的にやる前に小さく実験する、ということである。

　社内のテレワークの先駆者となり、**社長が試行錯誤することはPoCの好例でもある（心得14）**。一般的には社内の一部でPoCを行い、それが何段階かの経路を伝言ゲーム的に経て社長に報告される。だが**社長が自ら参加していれば、使えるかどうかはダイレクトに判断できる。**

　だから全社でテレワークを推進する上で、最も効率的かつ効果的な実験になる。メール、チャットツール、SNS（ソーシャル・ネットワー

社長からまずテレワークに取り組むのがよい

社長こそテレワーク

・軽快なフットワーク
・いつでもどこでも意思決定→決裁
・社員は社長の「働き方」を見ている

キング・サービス）、ビデオ会議、そして携帯電話。社員や取引先との
コミュニケーションの種類に応じてどのツールが最適かを考え、使いこ
なす「テレワークの達人」を社長自ら目指すべきだ。社員は自ずとつい
てくる。

全国を飛び回るテレワークの達人社長

　実際にテレワークによって仕事の内容や質を変化させた経営者も多
い。筆者の経営者仲間のＡさんもその一人だ。

　Ａさんは高知県の四万十で食品製造会社と地域商社を経営している。
四万十で店舗や工場を経営するだけでなく、首都圏や関西圏のデパート
の催事販売にも積極的に出店する。

　またＡさんは地域ビジネスの先駆者として全国各地の地域商社や道の
駅運営会社などからアドバイザーを依頼され全国を飛び回っている。
四万十からは高知空港まで2時間以上かかる。しかも高知空港とつな
がっているのは東京や大阪など大都市ばかりでそれ以外の地域に行く場
合は大変だ。東京から全国各地に行くのとはわけが違う。

　テレワークに取り組まなければ仕事が進まない。　Ａさん自身は決し
てデジタルに精通しているわけではない。ちょっと面倒な設定などはす

べて社員にやってもらっているそうだ。

しかし、デジタルの効果的な活用に関してはITベンダーの社員以上に理解している。常にノートパソコン、モバイルルーター、スマホ、各種変換ケーブルなどを持ち歩き、必要とあればすぐに使う。SNSでの情報発信は「使い倒す」という表現がぴったりなほどで、タイムリーに発信する。

コロナ以前はAさんが地元の四万十にいる日数がどんどん減っていったそうだ。各地から呼ばれる機会が増えたのもあるが、それ以上に地元にいなくても出張先からリモートで会社のマネジメントができるようになったことが大きかったという。

テレワークの実践がコロナ禍で役に立った

重要なのはここからだ。

新型コロナウイルス感染が拡大して緊急事態宣言が発出され、移動が制限されるようになったときにも、テレワークの経験が役に立った。さすがにコロナショック直後はAさんの会社も厳しい状況に置かれたそう

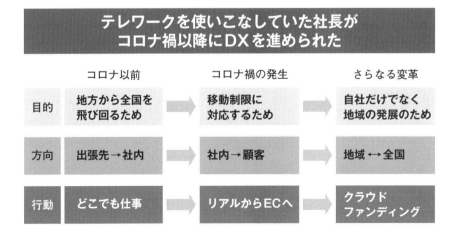

	コロナ以前	コロナ禍の発生	さらなる変革
目的	地方から全国を飛び回るため	移動制限に対応するため	自社だけでなく地域の発展のため
方向	出張先→社内	社内→顧客	地域 ↔ 全国
行動	どこでも仕事	リアルからECへ	クラウドファンディング

テレワークを使いこなしていた社長がコロナ禍以降にDXを進められた

だが、コロナ以前から実践していたテレワークの経験と「テレワークの人的ネットワーク」を生かして、取引先とオンラインで商談を行い、販売をリアル中心からEC中心に切り替えることができた。

　自社だけでなく仲間の会社の商品もSNSで紹介。さらにクラウドファンディングも起案し資金調達にも成功した。

　外に出ていくために必要だったテレワークの実践と経験が、地元から出られなくなったときに役立ったのである。これは最初から社内にこもっている社長にできることではない。

　必要に迫られテレワークをやり、それが発展して仕事のやり方が大きく変わり、さらに新しい仕事が増える。まさに社長のPoCがモノを言ったDXの好例である。

心得 15　DXによる変化は、最初はゆっくりとだがある時点で急激に加速する

　逆に言えば、行動次第で社長はテレワーク推進の最大の障壁になり得る。前節のような社長ならいいが、「会議は人が集まってやるものだ」「非常事態の時こそ、社長が会社に来て、陣頭指揮をとらねばならない」「テレワークではニュアンスが伝わらない」などの理由をつけて、導入に消極的だとまったく進まない。理由はどれも論理的ではなく、感情的なものだ。

　特に営業に関して、たたき上げで頑張ってきた社長ほどテレワークを嫌う傾向が強いと感じる。こんなことを聞いたり、自分で言ったりした読者も多いのではないか。

「テレワークで営業かけるなんて、お客様に失礼だ」
「当社はテレワークをやってもいいんだけど、お客さんがね」
「直接会って顔をつきあわせてなんぼの商売だから、うちは」

　社長にこう言われると社員が反論するのは難しい。だが社長の好みやわがままで、社員の時間やコストが損なわれてよいのか。コロナ禍では社員の健康も危険にさらす可能性さえある。

　ビジネス環境の歴史を振り返れば変革はいずれ必ずやってくる。過去にはこんなことが言われていたのを思い出してほしい。

「お礼状はワープロでは失礼。手書きの手紙でなければだめだ」
「メールで大事な仕事の話をするな。電話をかけろ」
「注文はすべてFAXでしろ」
「インターネットなんて当社の仕事には使わない」

　いずれもいまではありえないことばかりだ。**DXによる変化は、最初はゆっくりとだがある時点で急激に加速する（心得15）。**

　なにがなんでもテレワークというわけではない。どうしてもテレワー

技術による変革の歴史は繰り返す

「テレワークなんて！」
過去に起きた変化を振り返ってもまだ否定できるか？

そろばん → 電卓 → パソコン（表計算ソフト）

手書き → ワープロ専用機 → パソコン（ワープロソフト）

固定電話 → 携帯電話 → スマホ

電話注文 → FAX → メール・EC

現金・手形 → 振り込み・カード → 電子決済

クを嫌がる取引先がいたらそことは対面で仕事すればよい。

ただし、そのような取引先にだけ頼っていたら会社の将来は危ない。環境の変化に対応して、新たなビジネス環境をつくっていこうとする取引先との商談を増やすよう社長が率先して努力すべきだ。

社会や社員、取引先などステークスホルダーに対するセンスのない社長にDX時代の会社経営は難しい

本節でもテレワークをヒントにDXと社長の関係を考えたい。

以前から「働き方改革」の一環として提唱されていながら普及には至らなかったが、コロナの感染拡大が始まった2020年の春ころから、大企業を中心に一気に広まり始めた。一方で夏にコロナが一時的に収まると安心して、特に手を打たなかった企業もある。そればかりか、自ら率先して出社し社員に「出社プレッシャー」を与えた社長も少なくないと聞く。

そんな社長が第二波以降の感染拡大時に、今からでもテレワーク対策ができないか、と右往左往していた。右往左往するのはまだマシなほうで、緊急事態宣言下でも「ウチではテレワークは無理」と開き直っている社長すらいる。

コロナが弱まった夏に冬の感染拡大を予見して対策を打った社長と、何もせず後手に回った社長の違いはなんだろうか？

最も大きな違いは自らの意識が他者中心か自己中心か、ということだ。社長にとっての他者とは社員、顧客、仕入先などだ。社員がコロナに感染したらどうなるか、取引先はコロナにどんな対策を取ろうとしているのか、そこに関心があれば「ウチではテレワークは無理」などとふんぞり返っていられるはずはない。

「俺は大丈夫だ」、「ウチの会社は業種的に無理だから無駄なカネは使いたくない」と自分自身や自社のことを中心に考えている社長だから手

を打たない、あるいは打てないのである。

　社会や社員、取引先などステークスホルダーに対するセンスのない社長にDX時代の会社経営は難しい（心得16）。

俯瞰的な立場から、社長は内部と外部を適切に使い分けてDXを進めなければならない

　ここまで書いてきたようにDXを進める上で社長は大きな力を発揮する。ただこれは何でも自前でやればいいというのとは異なる。

　行き過ぎた自前主義は悪である。典型的な例を挙げよう。ある分野に特化した製造業で、技術力は非常に高く、社長を筆頭に社員はみな職人気質。職人頭のような社長は自前主義が強く、なんでも自前でやりたがる。社員もこれに慣れているために、たいていのことはやってしまう。

　デジタル＝ITもしかり。PCの設定やネットワークの敷設など当たり前で、業務用のプログラムも社員が本業の片手間に組むことさえ珍しくない。

　「ウチは社員がプログラムでもなんでもできるからITベンダーは不要。

行き過ぎた自前主義は果たして正しいのか？

自前主義＝　ベンダーに頼まなくてもできる
　　　　　　自社でやるからタダだ

社員の時間や労力を「本業」以外に浪費していないか？
人事評価に考慮しているか？ 社員は実は不満かも？
品質は大丈夫か？ とりあえずできているでいいのか？

だから、カネがかからないんですわ！」と自慢げに語る社長に何人かお会いした。そういった会社を何社か訪問し、実際の現場を拝見したことがある。システムを見せてもらうと、それなりにきちんと稼働している。

　社員に話を聞くと「ウチはこれくらい自分たちでできますよ」と誇らしげだ。しかし、社長のいないところで、深く掘り下げて質問していくといろいろと問題が潜んでいる。

・パソコンのハードもOSも古く、処理速度が遅く、またウイルスも怖い。でも社長は今問題ないならそれでよし、と考えている
・とりあえず業務はできているが、これが本当にベターなやり方なのか、他を知らないので実はわからない
・本業の片手間でシステムをやっているが、システムの仕事は業績考課に考慮されていないので、疑問に思う
・自分がシステムを見ているうちは大丈夫と思うが、もし自分に何かあったらこの会社のシステムはブラックボックスになる

　簡単に自分達でできることに高い金を払ってベンダーにやらせるのはコストの観点からすれば問題だ。自分たちでやれることはやるのは悪いことではない。

　しかし何事も行き過ぎると弊害が生じる。全体最適を考え、経営リスクを客観的に評価すべき社長が、目先の小さな経費削減ばかりに目がいくのはよくない。

　俯瞰的な立場から、社長は内部と外部を適切に使い分けてDXを進めなければならない（心得17）。

心得 18 まず社長から社内文書に捺印するのをやめる

　プロセスのデジタル化はDXの基本だ。テレワークが普及する中で分かった日本企業のデジタル化を阻む大きな要因に「ハンコ」がある。ハンコを押すためだけに出社した経験をお持ちの読者もいるのではないか。

　もちろん脱ハンコが進んでいる企業は存在する。大企業になればなるほど社員数が増え、承認プロセスも複雑になりがちで、「紙にハンコ」では時間がかかる。大企業間の競争は激しく、スピードが勝敗を決するため、以前からワークフローシステムなどを使った決裁が進んできた。

　その一方で脱ハンコできていない企業も多い。「紙とハンコ」とペーパーレスのどちらにスピードがあり、効率的か、いうまでもない話のようだが、実は約10％の企業はその認識がない。

　IT企業のコンカーが行った調査によると「ペーパーレス化の重要性を認識していますか？」という質問に対して「認識している」は89％、「認識していない」が11％という回答だった。また「あなたの会社で業務のペーパーレス化は進んでいますか？」という設問には55％が「でき

ハンコ出社のデメリットは大きい

ハンコ出社は

・通勤時間の無駄
・交通費の無駄
・ダメ管理職ほど好き

ている」、45％が「できていない」と回答している。少し乱暴だが、この2つの設問から考えると、「できていない」のうち、45−11＝34％の会社は「認識はしているができていない」ことになる。

　理由はいろいろあるだろうが、打開するのは社長の仕事である。というか社長にしかできない。

　まず社長から社内文書に捺印するのをやめる（心得18）。役職順に捺印欄が並んでいる紙の稟議書や申請書を使う限り、紙もハンコ出社もなくならない。

　ハンコ1つのために社員が往復の通勤時間と費用を使うことの意味を社長は真剣に考えるべきだ。さらに仕事ができない社員、特に無能な管理職ほどハンコを押すことが仕事と考えている。**優秀な社員の時間を奪い、無能な社員を仕事した気にさせて、会社が発展するわけがない。**

　34％に該当する企業の社長はすぐに行動しよう。認識すらしていない11％は一刻も早く気付かなければアウトだ。

心得 19 新しいことにチャレンジするのが社長というポジション

　「週刊誌経営」という言葉を聞いたことがおありだろうか？　これは社長が出張などの移動中にたまたま読んだ週刊誌に書かれていた内容に「これだ！」と飛びつき、会社に戻るやいなや「当社は今日からこれに取り組むぞ！」といきなり言い始めるのを揶揄したものだ。

　テレワークに限らず、DXに関する記事はビジネス雑誌などに頻繁に出てくる。それを読んで「我が社もDXだ！」という社長もいるだろう。これは典型的な週刊誌経営だ。

　しかし、逆にDXに関して「我が社のような中小企業にはまったく関係のないことだ」「ずっと先の話だろう」と関心を持たない社長と比較すると、どちらが良いだろうか？

DXに関しては「週刊誌経営」もまんざら悪くはない

「週刊誌経営」とは

・ビジネス週刊誌などを読んで社長が「その気」になり、経営に突然取り入れようとすること

・社長は「その気」だが、社員は迷惑？

・だが、無関心よりマシでは？

週刊誌読んで行動＞無関心

　DXに飛びつく社長は良く言えば好奇心旺盛・新進の気質あり、悪く言えば安易に新しいものに振り回される軽いタイプだ。反対に興味を持たない社長は、石橋をたたいて渡る慎重派と見ることもできるし、頭が固く時代に取り残される経営者とみなすこともできる。

　難しい比較ではあるが、もしどちらかを選ぶとなると、「週刊誌経営」と言われようとも「我が社もDXだ！」という社長のほうが「まし」だと思う。社長が思いつきで始めて、結局社員が振り回されるだけで迷惑し、すぐにとん挫することも多いのは承知の上で、**無関心や食わず嫌いでやらないよりはやるほうを評価したい。**

　経営環境はどんどん変化する。好奇心やチャレンジ精神がないと変化についていくことはできない。ことDXに関しては発端が社長の週刊誌経営でもまんざら悪くはない。

AIに関心を持った社長が取るべき行動は

　週刊誌経営の好例に新技術への取り組みがある。筆者が聞いた話である。

　ある大手ITベンダーがブームにあやかって、経営者向けのAIセミナーを何度か開催した。AIへの関心は高く、各回とも満席の盛況だという。ただし、さすがに全員がすぐに行動を起こすわけではなく、平均して各

回5人くらいが「我が社も明日からでも導入を検討したい」と申し出るという。

　この大手ベンダーのマネジャーいわく「すぐに導入したい、と申し出てもらえるのはセミナー開催の見込み客獲得の目的に合致するのでありがたいのだが、本来は業務上の課題が先にあってソリューションとしてAIが最適なので導入するという流れであるべき。AI導入が目的となってしまうと成果を出すのが難しい。セミナーを開催している立場からは言いにくいのだが…」という。

　それでは新しい物好きでとにかくAIをやれ、という社長がダメなのか。筆者はそうは思わない。以下、4つのパターンを比較してみる。

①自社の経営や業務の課題を理解し、そのソリューションとしてAIを導入する。
②AIセミナーに関心を持ち、出席して、面白いと思ったからとりあえずAIを導入する。
③AIセミナーには出席したが、時期尚早と思い、見送る。
④そもそもAIに興味がないから、セミナーにも参加しない。

経営者向けAIセミナーに参加した社長の行動パターンの是非

◎　すでに自社課題を認識し、ソリューション探しで参加

○　セミナーに参加して関心を持ち、AI導入を検討

△　セミナーに参加したがとりあえず検討は見送り

×　AIに興味がなく、セミナーに参加する気もない

　一番賢いのは①だ。逆に④はこれからの時代の社長としては失格ではないか。

　比較となるのは②と③である。新しい物好き、週刊誌経営型の社長は②にあたる。

　ケースバイケースだし、評価の観点によってどちらが良いか分かれるが、筆者は②を支持する。②であれば失敗も多くなるが、失敗を経験しないかぎり自社の独自性を生み出すのは難しい。③は手堅いかもしれないが、先行者メリットを獲得できない。

　今はまだ黎明期である。AI導入により実際に業務上の大きな成果を出すのは簡単ではない。しばらくは苦闘の時期が続くかもしれない。でも、近い将来報われる時が必ず来るだろう。

　心身ともに大変だが、**新しいことにチャレンジするのが社長というポジション（心得19）**のはずだ。

心得 20 ｜ トップとしての冷静な視点でデジタルとの付き合い方をコントロールしなければならない

　テレビで中小企業向けのパッケージソフトのCMを見ると今も昔も同じようなシナリオで制作されているものが多い。いかにもITが苦手、といった風情の経営者に社員や製品キャラクターが「これからの経営には○○（製品名）が不可欠です。社長、今すぐ導入のご決断を！」と迫るストーリーだ。

　このCMのような「ITが苦手な中小企業経営者」が少なからずいるのは確かである。しかし、大半はシニアで、その割合は年々減ってきている。若手の社長ではむしろIT好きも多い。DX、デジタルの時代にはさらにこの傾向が進むだろう。

　デジタル好きの社長には2種類あって、経営者としてデジタルの効果を評価して適切に導入を推進するタイプと、個人の趣味としてもデジタ

ルが好きで最新のパソコンやタブレット、あるいはソフトウエアをとにかく使うのが好きなタイプに分かれる。

　前者の「経営のツールとしてのデジタルが好き」なタイプは総じてバランス感覚が良く、経営状態が良好なケースが多い。このタイプは投資対効果をきちんと考えており、効果を実現するためにはIT導入にとどまらず、就業規則や人事制度、業務フローなどの改革もいとわない。

　一方で、個人の趣味としてデジタルが好きな社長は諸刃の剣となることがある。自分が使うパソコンを毎年買い替える程度であれば問題ないのだが、このタイプは往々にして基幹システムの導入時などに投資対効果ではなく自分の興味でハイスペックなものを購入しがちである。

　イニシャルコストの範囲ならまだ影響は少ないが、ランニングコストとして毎月毎年、発生するライセンス料や保守費、クラウドやネットワーク費用などへの投資がかさむと出費はボディブローのように効いてくる。そうなるとこのタイプの経営者は「コスト見直しプロジェクト」を開始する。

　過剰なITコストの見直しは大いに結構。だが、プロジェクトを新たに立ち上げたり、製品やサービスを入れ替えたりするのには当然のことながら、経営者自身や社員の時間、その時間に対して支払う給料、ITベンダーやコンサルタントに支払う各種費用といったさまざまなコストが新たに発生する。

　最初の段階できちんと調達しておけば払わなくて済んだものである。当たり前のことだが、**経営者にとって個人の趣味と会社の投資は別物だ**。冷静に判断する必要があるのだが、人は「好きなもの」には目がくらんでしまうのである。

デジタル嫌いの社長で会社は弱体化

　それではデジタル嫌いの社長の場合はどうだろうか。あまりITに投資しないのでキャッシュは出ていかない。「無駄な投資はしていない」

デジタルの好き嫌いで社長の行動はこう変わる

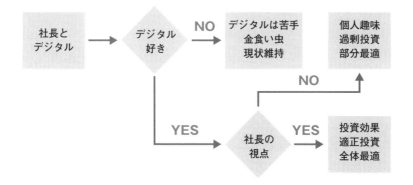

と胸を張るかもしれない。

　しかし、このような会社ではデジタルを活用すれば簡単に早くできることも社員が手作業でやっている。昔からやっているので手慣れてはいるが、見た目は皆忙しそうだ。

　手慣れた状態で忙しいと、新しいことをやろうという時間も気力も無くなる。同じことをずっとやっているとそれが当たり前になり、仕事へ工夫をしなくなる。

　何事につけ現状維持が基本になる。このような会社は急には傾かないかもしれないが、少しずつ弱体化していく。

　やがて社長は「不景気だからしかたがない。政府がなんとかしてくれないか」と外部に不調の原因を求め、他人の力による解決を期待するようになる。しかし他人任せでうまくいくことはまれだ。

　社長は個人の好き嫌いではなく、**トップとしての冷静な視点でデジタルとの付き合い方をコントロールしなければならない（心得20）。**

変革のポイントは企業ごとに異なる。本気で変革しようとすれば他社の模倣では不十分

　DXという言葉を聞くと最近の流行りのように聞こえるが、DXのX＝トランスフォーメーション、つまり変革・改革は使い古された言葉である。日本の社長は変革や改革がたいそう好みだ。経営者のインタビュー記事などを読めば変革の連呼である。

　「当社は現状維持で頑張ります」では記事にならないし、経営者として無能と思われてしまうので、とりあえず変革と唱えておけば無難なのだろう。変革を叫ぶのが無難、というのは大いなる矛盾なのだが…。

　もしかすると社長や他の役員クラスは本気で大胆に変革しようと考えているのかもしれない。しかし、システム開発の現場を見ると変革しようという熱意を感じることはなく、現状維持や「他社事例の模倣、いわば安全運転で行こうという風潮が目に付く。

　現状維持だと何も変わらない。上から叱責されるかもしれないし、予算もつかないので、少しは変えよう、となる。

　そこで他社事例の模倣がクローズアップされるのである。他社で成功した事例を参考にすれば失敗する可能性は低いだろうし、なによりも一から自分達で生み出すより早くて楽だ、と考えるのは間違いではない。これは改善には有効かもしれないが、DXで目指すべきトランスフォーメーション＝変革にはつながりにくい。

参考になる事例は簡単には出せない

　ユーザーは担当者レベルに近づくほど自分たちに変革は無理で現実的なのは改善だと考えがちだ。改善なら聞いたほうが早いと、ITベンダーやコンサルタントに「何かいい事例ない？」「サンプル貰えると助かるんだけど」と軽い気持ちで聞く。

　ところがベンダーやコンサルタントは簡単には事例やサンプルは渡せない。**出し惜しみではない。簡単には出せないのだ。**

　秘密保持契約を締結している顧客の事例は当然出せない。顧客の許可の下、ベンダーのホームページやカタログの宣伝用事例として公開する場合もあるが、宣伝レベルの内容だけでは事例の模倣は無理だ。

　筆者も初回訪問の引き合い先から「事例が欲しい」「サンプルが欲しい」という要望をもらうことがある。事例については秘密保持契約を理由に断る。

　不満を言われたら「案件欲しさに他社事例をホイホイと見せるということは、いずれ御社の事例も他社に見られることになる、ということですよ」と申し上げる。大抵は納得いただけるが、納得しなければ当方から商談を辞退する。

　サンプルを求められたら研修用に作った架空の資料を渡す。サンプルをもらって喜ぶ企業は経験上、あまり受注には至らない。逆にサンプルを見て「イメージはわかりました。やはり自分達でちゃんと作らないとダメですね」と反応する企業は発注まで進むことが多く、調達プロジェ

簡単に手に入る他社事例・ サンプルによる模倣はあまり効果がない

事例・サンプルは参考にはなるが…

他社事例
サンプル

・価値の高い情報はタダでは入手困難
・トランスフォーメーションは模倣だけでは限界

自分達で考えよう

クトもうまくいく。

　当社に限らず、ITベンダーも同じはずだ。きちんとしたベンダーほど秘密保持契約に忠実であり、安易に事例を出したりしない。

　簡単に出せる事例やサンプルはどうでもいい低価値のものがほとんどだ。**ユーザーが自分達で考え、知恵を絞らないと良いシステムは導入できないし、ましてや「変革・改革」などできない。**

模倣は不十分な変革にしかならない

　それに**変革のポイントは企業ごとに異なる。変革を本気でやろうとすれば事例の模倣では不十分だ（心得21）。**

　同じ業種であっても企業によって経営の仕方も違うし、組織や業務フローも異なるので、他社で成功したからといってそのまま当てはまるわけではない。なにより、もし同業他社の事例をまねて変革したとすれば、その企業と差別化できないし、二番煎じで優位に立つのは難しい。

　もし「事例模倣」でうまくやろうとするならば、米国や中国などの海外事例を入手して同業他社より先にそれをパクる、というやり方になるだろう。実際に日本のベンチャー企業では米国ベンチャーのビジネスモデルを日本仕様にローカライズして成功している会社が少なくない。

　ただし海外事例の模倣も簡単ではない。ベンダーに「海外事例でいいのない？」と要求しても価値のある「ヤバい情報」はまず手に入らない。

　タダで簡単に手に入る情報はバリューがないだけでなく、同業他社を含め誰でも入手できるものだ。やはり楽して変革はできないと覚悟して挑戦、実験、そして失敗を繰り返して自分たちでやるか、相応の報酬を本物のプロに支払って知見や時間を買うしかないだろう。

心得
22
DXを進める際には、客観的に自分の年齢から くるデジタルとの距離感を認識する

　DXを推進しようとすれば、社長がデジタル＝ITを避けることはできない。多くの社長と話して感じるのだが、どうしても年齢によってデジタルとの距離感に差が出てくる。特に、試行錯誤して苦労しながら企業をつくり上げ、頭と身体に自社のビジネスが染みついている創業社長に顕著に表れるようだ。大まかなくくりだが、デジタルに対するスタンスをまとめてみた。

・60代以上の社長「デジタルが経営に役立つことは理解している」
・40代〜50代の社長「デジタルは経営にとって必要なツールである」
・30代以下の社長「デジタルと経営は一体である」

　60代以上の社長は働き始めた時代にデジタルが普及していなかったので、仕事の基本をデジタルのない時代に培ってきた。もちろん、長年会社を経営してきたのだから、時代の変化にうまく対応し、デジタルの

世代によってデジタルに対する距離感に差が生まれがち

社長に聞きました「経営にとってデジタルとは？」

役立つことは
理解している

必要なツール
である

経営と一体
である

60代以上の社長　　　40代〜50代の社長　　　30代以下の社長

普及にも対処してきた。しかし、心のどこかに「自分の時代は…」という意識がある方が多いように感じる。

40代〜50代は就職した時点ですでにワープロやパソコンが普及し、仕事で使うことには慣れている。むしろパソコンなしに仕事はできないと感じている。といってもパソコンが主で、パソコン上で使うソフトはExcel、Word、PowerPointの主要3大アプリとメール、そして会社の業務システムがそのほとんどだ。

これらは業務・作業のためのツールである。だから40代〜50代の社長は「業務効率の改善」といった目的のIT導入には理解があり、投資の必要性もわかっている。

30代以下は幼いころからパソコンだけでなく、インターネットやスマホ、高性能ゲーム機などが身近にあった世代で、「デジタルネーティブ」といわれる。この世代の社長がビジネスモデルを考えるときは最初からデジタルを駆使することが前提となっている。

もしかすると当たり前過ぎて「デジタルを駆使する」とか「デジタルが前提」という意識さえないのかもしれない。デジタルに投資するという感覚ではなく、ビジネスを行う上でまず真っ先に必要なインフラへの投資なのだ。だからこの世代の社長にとっては「DX？　いまさらそんなこと言ってるの？」ではないか。

もちろんシニアにもデジタルに対して大きな関心と深い理解を持って、積極的に投資する社長も少なくないし、若ければ必ず理解しているというものではないが、このような世代間の違いは確かにある。**DXを進める際には、客観的に自分の年齢からくるデジタルとの距離感を認識する（心得22）**べきだろう。

心得 **23** 　**社長が率先して自分のITリテラシーを高める**

　ITの効果やメリットを理解した上で使いこなす能力をITリテラシーという。社員のITリテラシーが高いか低いかは、DXの成否に大きく影響する。リテラシーが高ければ豊富な機能を使いこなせる。Excelのような普及品のソフトで大抵のことができるようにもなる。

　リテラシーが低ければ機能の一部しか使えず、宝の持ち腐れになりがちだ。リテラシーが低いとExcelで簡単にやれることができないので、その社員のために高い開発費を払ってシステムに機能追加することになる。デジタルのコストや効率にリテラシーは大きな影響を与える。

　社員のITリテラシーを高めるのにはどうしたらよいか？　社内研修を定期的に実施したり、社外のセミナーやトレーニングに行かせたり、IT資格を取得したら報奨金を出したりするなど、社員のリテラシーを高める方法はいくつかある。

社長自らITリテラシーを鍛えよう

デジタルは経営の「武器」
ITリテラシーは武器を使いこなす「能力」

ITリテラシー
を鍛えるには

・定期的な社内・外部研修
・資格取得の奨励

上記よりも効果的なのは…
社員は社長を見ている

**社長自らITリテラシー
向上に取り組むこと！**

最も効果的な方法は、**社長が率先して自分のITリテラシーを高める（心得23）**ことだ。社員は口では言わなくても社長の行動を常に見ている。社長のITリテラシーが高ければ、社員はおのずと見習う。

　逆に、どんなに研修費を投じてトレーニングの機会を与えても社長自身が「自分はいいから、お前ら頑張れ」という姿勢では本気で研修など受けない。単なる「息抜き」の場になりかねない。

　デジタルは経営に不可欠な武器だ。**武器は使いこなしてこそ威力を発揮する。**社長がデジタル投資を決断したなら、同時にITリテラシー向上も図らなければせっかくの投資も十分な効果が出ない。

第 2 章　心得まとめ

心得14： 社長が試行錯誤することはPoCの好例でもある

心得15： DXによる変化は、最初はゆっくりとだがある時点で急激に加速する

心得16： 社会や社員、取引先などステークスホルダーに対するセンスのない社長にDX時代の会社経営は難しい

心得17： 俯瞰的な立場から、社長は内部と外部を適切に使い分けてDXを進めなければならない

心得18： まず社長から社内文書に捺印するのをやめる

心得19： 新しいことにチャレンジするのが社長というポジション

心得20： トップとしての冷静な視点でデジタルとの付き合い方をコントロールしなければならない

心得21： 変革のポイントは企業ごとに異なる。本気で変革しようとすれば他社の模倣では不十分

心得22： DXを進める際には、客観的に自分の年齢からくるデジタルとの距離感を認識する

心得23： 社長が率先して自分のITリテラシーを高める

DX人材に関する心得

心得 24 DXにはデジタルを支えるIT系人材が欠かせない

　日本企業がデジタルを駆使してDXを進めようと考えたとき、社長の前に大きな壁が立ちふさがる。人材の確保だ。**DXにはデジタルを支えるIT系人材が欠かせない（心得24）。**第3章でこの問題を詳しく見ていきたい。

　ITと一くくりにされがちだが人気があるのはゲームやWebコンテンツ制作などで、企業向けシステム開発とは別の仕事だ。少子高齢化の影響も大きく、**企業向けIT業界はすでに慢性的な人不足の状態であり、今後さらに深刻になると予想されている。**

　30年前は違った。企業向けITは人気業種で大手ITベンダーはどこも大量採用を行っていたがその後、長らく「きつい、きびしい、帰れない」の3K業種といわれる状況が続いた。現在では企業のシステムを担うITは人気業種ではない。

　業績に直結するITベンダーはどこも人材の確保に躍起だ。優秀な新卒や中途採用者の奪い合いである。働き方改革で残業や休日出勤も減らしている。受注したくても、人がいなくて受注できないケースも少なく

優秀なDX人材の確保は難しい

DX人材の確保は難しい3つの理由

・IT業界の慢性的人手不足

・デジタルとビジネスの両方の知識・経験が必要

・そもそもX＝変革はとても難しい

ない。

　構造的にITエンジニアが不足しており、年々状況が悪化しているわけだ。一時的な需要過多で人手が不足しているのではない。

　ましてやユーザー企業がデジタル関連の採用を進めても、欲しい人材を入社させるのは非常に難しくなっている。運用保守をベンダーに委託したり、クラウドサービスのような外部サービスを利用したりするしかないのが実態だ。

　一口にIT部門の業務といっても「企画・調達・開発・運用」の4つのフェーズでは内容が大きく異なる。開発と運用はベンダーに委託するのが当たり前になっているし、それでよい。

　しかし、企画と調達はそうはいかない。ここをベンダーに頼るのは財布をベンダーにそっくり渡すのと同じである。DXの取り組みはビジネスモデルそのものだ。企画でコンサルタントなどの外部リソースを活用するのは構わないが、最終的には自社が責任と覚悟を持って決めなければならない。

　優秀なDX人材の確保が簡単ではない以上、社長はそのことを認識し、自らが積極的に関与し、経営幹部や次世代の幹部候補生、IT部門などとDXに取り組むべきである。

心得 25 社長はIT部門の人材がどういった状況なのか知らなければならない

　DXを支えるIT人材の不足が進む中、ITベンダーは給料を高くし、待遇を良くして何とか人材を確保しようとしている。IT人材が高い報酬をもらうのは悪い話ではない。

　だがITベンダーによる特に若年層のリソースの奪い合いは、ユーザーに3つのピンチをもたらすことを知っておきたい。

　1つ目はベンダーの「見積もり価格の高騰」だ。これはすでに顕在化

している。

2つめは「**発注したくても受けてもらえない**」である。優良なITベンダーは「今引き合いが来ても人がいないので受けられない。半年後なら何とか」という状況である。

すでに賢いベンダーは「安くて利益の出ない案件」「無理難題をいうリスキーな客」の仕事から距離を置き始めた。きちんとしたRFPが提示され、ユーザー側の体制や責任が明確な「失敗要因が少ない案件」を優先して選ぶのだ。

「金さえ出せばなんとでもなる」という発想のユーザーは優良ベンダーからは相手にされず、質の低いベンダーの餌食になるか、いつまでも発注できずオロオロするかのどちらかになりかねない。

3つ目のピンチとはIT業界内での人材不足解消のため、**ユーザー企業のIT部門の人材が狙われる**という事実だ。

IT業界よりも給与水準の高い大手金融機関や総合商社などは問題ないだろうが、製造業や流通業などはIT部門のマネジメントを真剣に考える必要がある。人は金だけでは動かないが、高い報酬は迷っているときには大きなきっかけとなる。

旧態依然の組織、「丸投げ」体質でスキルアップできない環境、自社の事業を体感できない内向き志向は優秀な若手の意欲を削いでしまう。そのような状態で他社から高報酬が提示されれば、筆者なら迷わず転職する。**社長はIT部門の人材がどういった状況なのか知らなければならない（心得25）**。

心得 26　マネジメントによってIT部門を強固にするのは社長の責任

普通に考えても「ITの仕事をしたい」と思ったら、まずはITベンダーを候補として検討するはずだ。ITを職業にしたいと思う人はベンダーに

行く。中途でのIT部門募集に応募するのでもなければ、いわゆるユーザー企業を志望するのは本業をやりたい人材だ。実際、IT部門に配属されてショックを受ける社員も少なからずいる。

　IT部門で仕事をしてやりがいや適性を見いだして伸びていく人材もいるが、ショックを引きずったままダメになる社員もいる。適材適所というがアサインしてみないとわからない。DXが重要であれば、**マネジメントによってIT部門を強固にするのは社長の責任（心得26）**のはずだ。

実際にはDXの重要性が分かっていない社長に共通するのはIT担当者の処遇の低さだ。単に低いというより評価できていないというのが正確かもしれない。不向きな社員に担当させて「アイツはダメだな、でも代わりもいないし」と放置する。

　適任者が社内にいないケースもあるので、一概に非難はできない。問題なのはITに適性があり、頑張っている社員を正当に評価しないことだ。

　IT人材は技術者として評価すべきにもかかわらず、事務系職と同様の基準で扱う。技術的な教育研修を受けたいと望んでも「それって必要？」と費用もケチられる。

　運用管理を効率化しようと管理ソフトの導入を願い出ると「高い！お前の仕事が楽になるだけだろう」と却下される。却下によって本業に

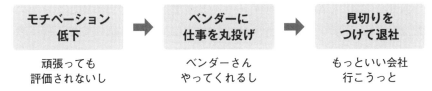

社長がIT部門に無関心だと、優秀な社員は逃げ出す

社長がIT部門を低く扱うとデジタル人材は…

モチベーション低下	→	ベンダーに仕事を丸投げ	→	見切りをつけて退社
頑張っても評価されないし		ベンダーさんやってくれるし		もっといい会社行こうっと

支障が生じることすらある上に、システムトラブルが発生して怒られるのはIT部門である。

　まさに「金食い虫」扱いで、部門や担当者のモチベーションは下がる。モチベーション低下の原因は間違いなく、**経営での重要性や担当者にとっての技術の大切さを理解していない社長の無能と無責任にある。こんな企業の担当者はとっととITベンダーに転職したほうがよい。**ベンダーに行けば求められる技術レベルは高くなり、それはそれで大変だが、おそらく給料も上がるし、プライドを持って仕事ができる。

　かくしてユーザー企業のDXはさらに遠のく。

心得 27　IT部門を「技術職・専門職」として扱う

　ユーザー企業では特に新卒などの場合、社内SEのようなIT人材と配属先を明示して採用することはまれである。突然の辞令で、入社後に配属されるケースが大半だろう。

　もし優秀な若手社員が配属先のIT部門で適性があって活躍すればどうなるか？　ずっと高給のITベンダーへの転職の誘惑が待ち構える。

　逆にIT部門の業務が合わなくて力を発揮できない場合、次の異動を待たずに退職することもある。単にIT人材というだけでなく、他の部署なら力を発揮したかもしれない若い人材を失うリスクがある。

　IT人材募集と明記する中途採用の場合も簡単ではない。ITベンダーから優秀な人材を社内SEやシステム関連の管理職に迎えようとしたときにネックになるのはやはり待遇である。

　人手不足のIT業界はユーザー企業よりずっと高給であることは珍しくない。どうしても人材が確保したいなら、高給を払ってでも優秀なIT人材を迎えたいという社長の判断は理解できる。

　しかし社長の思いとは別に既存の社員たちは面白くないだろう。「中

デジタル人材を採用できない時代がすでに来ている

中小企業のデジタル人材の採用はどんどん困難に

そもそも ➡ デジタルの仕事を志すならまずベンダーを検討

お金 ➡ デジタル人材の報酬は高給化

誘惑 ➡ 魅力的な転職先はいくらでもある

途採用のIT人材がなんで自分より給料が高いのか」となるわけだ。

この感情は人の根源的な感情であり、対処は簡単ではない。下手をすると、会社内に不満のマグマが溜まり、既存の社員のモチベーションがガタガタになるという大事件に発展しかねない。

この問題は給与や処遇がかかわるので難しいのだが、**IT部門を「技術職・専門職」として扱う（心得27）方法**がある。技術職と営業職や事務職は同じ評価基準を用いるほうがむしろ不自然である。評価基準を変え、技術手当などで対応すれば他の職種からの不満も多少は和らぐだろう。

それも難しいようなら、社外の内容の濃い有料研修を受けさせたり、資格取得のサポート（受験料補助や合格した場合の報奨金）などで報いたりする方法もある。**IT部門には金銭的なインセンティブだけでなく、スキルを向上の機会を与えることもモチベーション向上に寄与する。**

IT活用なしにはビジネスができないDXの時代に、IT人材が思うように採用できない。この厳しい状況をどう乗り切るか？　社長の手腕と決断が問われる。

心得 28 本当に欲しい人材がどこにいて何を考えているかを知り、大切に思っているものを共有して引きつける

　最近、「市場価値が高ければ、若手社員でも高額収入で採用する制度を導入する」といった記事をよく見かける。

　NECは若手研究者を対象に新しい報酬制度を採り入れ、新卒でも実績を残せば1000万円以上の報酬を支払うという。NTTデータもAIやIoTのトップレベルの技術者を確保するために2000万〜3000万円の報酬を用意するとのことだ。富士通はDX支援の新会社をつくり、精鋭コンサルタント2000人の体制を取るという。年収はコンサルティング会社の基準だという。

　各社がこのような人事給与施策に走るのは、すでに述べたように厳しさが増す中での人材争確保が理由であり、最も手っ取り早い対策が「高い給料を払う」ことなのだろう。基本的に優秀な研究者やエンジニアが高収入を得ることは結構なことだ。

　異存はないどころか、もろ手を挙げて賛成である。しかし、このような報酬政策だけで、本当に優秀な人材が集まるとは限らない。

　若き俊英たちと仕事をしていてこう感じることがあるからだ。筆者は知遇を得たフランス人ブロックチェーンエンジニアのA君と仕事をしているが、筆者との仕事にA君が使うのは彼の労働時間の10％くらいである。それ以外にいくつかの仕事を掛け持ち、1つはビッグプロジェクトになりつつある。

　A君の仕事仲間はほとんどが外国籍のエンジニアだ。海外在住者も多い。 GAFAをはじめとしたグローバルな大手IT企業からも誘いがあるが、「**自分がやりたいことをやりたい**」と1社に属すことを拒んで、マルチワークを好んでいるのだという。

一流企業の内定を蹴ってベンチャーを設立

　別の例もある。筆者の親族である20代のB君は大学院でAIを専攻し、昨年ソニーから内定をもらったが、就職せずに大学院の仲間数人とベンチャーを始めた。そのベンチャー企業に将来性を感じたのかなんと元ソニー社長の出井伸之氏が顧問となり、資金調達に成功したのだ。

　ソニーを蹴って元ソニーの社長と一緒に仕事をやるとはなんとも面白い巡りあわせではないか。A君やB君の職場はコワーキングスペースやシェアオフィスと呼ばれる場所だ。A君などはプロジェクトや気分によっていくつものスペースを使い分けている。

　筆者も彼らとの打ち合わせのためコワーキングスペースに立ち寄るが、矛盾する表現だが「クールな熱気」を感じて、好奇心が刺激される。打ち合わせの際に隣から聞こえる会話の内容がすごく面白かったり、コードをスラスラと流れるように打っている若者が妙に気になったりと

働き方を含め若くて優秀な人材の志向は多様化している

シェアオフィス　報酬　研究者　掛け持ち
大学院通いながら起業　海外とコラボ　好奇心
ワークシェア　マルチワーク　イキガイ
誰と一緒にやるか　つながる
デザイン思考　新しい　自由　タスク　楽・道・利
テレワーク　ノード　仲間　プロジェクトベース
ノマド　面白い　ワーケーション　コワーキングスペース

＊図はビッグデータのテキストマイニングのイメージ。

滞在してあきない。

　A君もB君も世間的な待遇の良さを蹴って今の仕事を選んだ。**本当に欲しい人材がどこにいて何を考えているかを知り、大切に思っているものを共有したりして引きつける（心得28）**べきだ。カネで入った人間はカネでやめる。札束合戦では外資系には絶対に勝てない。

　NEC、NTTデータ、富士通のトップはこのようなコワーキングスペースに一人で正体を隠して出向いたことがあるのだろうか？　優秀な人材を確保し、DXを成功させるヒントはこんなところに隠れているのかもしれない。

心得 29　IT人材の不足をなげいていてもDXは進まない。獲得に向けた努力も社長の役目

　IT人材の不足をなげいていてもDXは進まない。獲得に向けた努力も社長の役目（心得29）だ。

　一度退職した社員を再雇用する「出戻り社員」の雇用を、以前から会社の生き残り戦略としてやってきたのがA社長だ。A社長の会社は小規模なITベンダーだが、専門性を高めることで基本的に下請けはせず、ユーザー企業と直接契約をする。

　A社長は「若い人は現有スキルよりも、やる気と将来の見込み」との考えで、中途採用にはIT業界未経験の転職希望人材も採用し、社内研修やOJT（オン・ザ・ジョブ・トレーニン）で育てる方針を取った。だが、ようやく一人前に育ったころに転職される悲哀を何度も味わった。A社長は社員の退職を聞くたびに激怒したり、落ち込んだりしたそうだ。

　それがクライアントだったある外資系企業のやり方を見て目からウロコが落ちたという。その企業は会社と退職者でOB会を作っていて、年に数回現役社員とOB社員の交流会を継続して開いていた。外資なので転退職は当たり前と割り切って、交流会を貴重な情報交換や仕事を紹介

し合う場として活用していたのである。

　すぐに、A社長は退職した社員に声をかけてOB会を開催した。新た
に退職希望者が出るととにかく円満退職させることに腐心するように
なった。他社へ転職するのではなく、起業したいあるいは個人事業主と
して自由にやりたいという社員に対しては、独立を支援することもあっ
たという。

　円満退職ならOB会にも参加しやすい。転職先で思惑が外れて悩んで
いる人がいれば「戻ってくるか」と声をかける。それで出戻った社員が
何人もいるという。辞めて戻ってまた辞めてまた戻った社員もいるそう
だ。独立した社員とは協力会社の関係を維持し、案件や人手の融通を
図っている。

　A社長の語る本音はこうだ。

　「出戻りOK、独立OK、と聞くと社長はなんて優しくて社員思いなの
だと美化されがちだが、退職したいと言われると今でも一瞬カッとな
る。**でも円満退職で人的関係をキープするほうが断然メリットが大き
い。社員が辞めたから裏切り者だと怒ってもメリットがないどころか、
悪評が立つだけだ。**当社の社員なんて立場はどうでもよく、同じIT業
界で働く仲間という関係が重要だとわかったからやっている。OBと現
役社員の交流が当たり前になったら退職者が少なくなる効果もあった。
有効な生き残り戦略だ」

　大企業でも**貴重な戦力として出戻り社員が増えている**と聞く。調べて
みると多くの大企業がすでに出戻り社員を受け入れている。

　だが、ほとんどの場合、在籍時の勤続年数や退職後の年数などに制限
を設けている。大企業であればコンプライアンスの問題もあるだろうし、
ポジションや給与待遇で既存社員とあつれきが生じないようにしている
のだろう。

心得 30 後継者には営業だけでなく、IT部門やマーケティング部門もしっかり経験させる

　DX関連の人材不足はITの専門家に限った話ではない。社長はいつか引退する。最大の仕事といってもいいのが後継者の育成だ。DXをけん引するのが社長である以上、後継者はそれにふさわしい能力を持っていなければならない。

　では可能なら後継者にどういったポジションを経験させるべきなのか？　これまでは下記の2つのどちらか、あるいは両者のミックスが大半だった。

①営業を主に経験させる。営業部長→営業担当役員→専務→社長
②財務や総務など管理系に主眼を置く。財務・経理・総務などの管理職
　→バックオフィス系を統括する役員→専務→社長

　しかしこれからの時代、DXのことを考えるなら社長に求められるキャリアパスは違う。経験すべきは、ずばりCIO（チーフ・インフォメーション・オフィサー＝最高情報責任者）とCMO（チーフ・マーケティング・オフィサー＝最高マーケティング責任者）である。CIOはわかりやすく言うと「情報システム担当役員」のことだ。

　経営の3大資源といえばかつては「ヒト、モノ、カネ」だった。そこに4番目の資源として「情報」が登場するようになった。最重要な資源は今も昔もヒトで決まりだろうが、次に重要な資源といえばモノでもカネでもなく情報を挙げる経営者が多いのではないだろうか。

　ITを用いて情報を管理統括し、それらの情報の利用方法を経営の観点から考えるのがCIOの役割だ。そして、社内外の情報を駆使して会社全体の売り上げや収益を増大させるのがマーケティング部門といえる。

　セールス（営業）とマーケティングの違いは多くの読者がご存じだろ

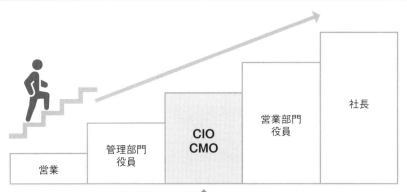

後継者にはCIOやCMOの経験を積ませよう

社長

営業部門
役員

CIO
CMO

管理部門
役員

営業

 これからの社長に必須のキャリア

うから説明は省略する。インターネットが普及し、ビジネスのあり方が大きく変わった現代、経営でのマーケティングの重要性は高まる一方である。

大事なのは最重要資源である人と情報をきちんと把握できる能力だ。**後継者には営業だけでなく、IT部門やマーケティング部門もしっかり経験させる（心得30）**ことを勧めたい。

心得 31 同族会社の後継者選びでもDXの重要性に変わりはない

いわゆる同族企業では多くの場合、社長の子供が後継者候補となる。**同族会社の後継者選びでもDXの重要性に変わりはない（心得31）**。

社長の息子あるいは娘を後継者にする場合の典型的なパターンはこうだ。

学校卒業後、いったん大手企業などに就職し、5年〜10年ほど修業

したのちに、自らの企業に取締役として入社させる。フロントである営業部門を数年、さらに総務・経理などのバックオフィス系を数年担当し、会社の全体像を理解する。同時に青年会議所などの組織に入会し、地域の企業家とのネットワークを強化するといったステップを踏んで、早ければ30代後半、遅くとも50歳くらいで社長に就任する。

　これからはこのキャリアパスにデジタル担当、あるいはIT担当を加えるべきだ。どのような業種であろうと、デジタルを利用しないことにはDXは進められないからだ。

　業種によりデジタルの利用の濃淡はある。利用度の高い業種はもちろんのこと、逆に利用度が低い業種でも、他社との差別化のために積極的にデジタルを利用するといった発想を求められる。

親子でデジタルへの姿勢が同じではいけない

　現在60歳以上の社長世代であれば「デジタルのことよくはわからない。自分の勘と経験と度胸で会社を切り盛りしてきた」と言っても武勇伝として評価されたかもしれない（参照「DXを進める際には、客観的に自分とデジタルの距離感を認識する（心得20）」）。

　しかし、30代の子供世代が数年後に社長に就任したとき、親である前社長と同じように「デジタルはわからない。勘と度胸で…」と言ったら、取引先や銀行、社員はどう思うだろうか？　「すごい」「素晴らしい」と評価されるだろうか？　むしろ「この跡取り社長、大丈夫か？」と経営能力に疑問を持たれてしまうのではないか。

　筆者はいわゆるKKD＝勘・経験・度胸を否定しない。むしろ、それらは社長にとって必要な素養と思っている。しかし、これからの社長はそれだけではダメだ。デジタルを有効活用し、論理的な思考と判断ができなくてはならない。

　次世代の経営者は自社にとってデジタルにどのような利用方法があり、どれだけ事業に対してインパクトがあるかを理解する必要がある。

社長の後継者にはデータ重視の経営が求められる

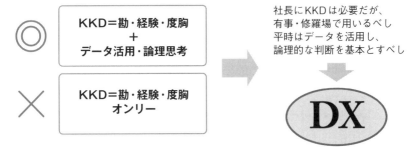

これからの社長の意思決定は

◎ KKD＝勘・経験・度胸
＋
データ活用・論理思考

× KKD＝勘・経験・度胸
オンリー

社長にKKDは必要だが、
有事・修羅場で用いるべし
平時はデータを活用し、
論理的な判断を基本とすべし

DX

しかも、それを理解していることは「アドバンテージ」ではなく「社長としてのスタートライン」にしかすぎない。

　だからこそ、後継者修行のキャリアパスにデジタル、あるいはIT部門を経験させるべきだ。具体的にはシステム部長やCIOを数年経験させることをお勧めする。

第3章 心得まとめ

心得24：DXにはデジタルを支えるIT系人材が欠かせない

心得25：社長はIT部門の人材がどういった状況なのか知らなければならない

心得26：マネジメントによってIT部門を強固にするのは社長の責任

心得27：IT部門を「技術職・専門職」として扱う

心得28：本当に欲しい人材がどこにいて何を考えているかを知り、大切に思っているものを共有して引きつける

心得29：IT人材の不足をなげいていてもDXは進まない。獲得に向けた努力も社長の役目

心得30：後継者には営業だけでなく、IT部門やマーケティング部門もしっかり経験させる

心得31：同族会社の後継者選びでもDXの重要性に変わりはない

DX推進組織に
関する心得

DXの推進にふさわしい組織・体制をつくるのは社長の仕事

　IT業界から見て、今、最もホットなテーマはDXである。ITマスコミのニュースやベンダーの広告は「DXによる経営改革！」「DX人材をいかに確保するか」「サルでもわかるDX」といったキャッチコピーがあふれている。

　一方でユーザー企業の経営者に話を聞くと現実は少々異なる。「DX？　聞いたことはある。これからのITなんだよね？　ウチのIT部門も取り組んでいるはずだ」といったレベルの認識の経営者がまだ多いように感じる。

　IT関連調査会社のガートナージャパンが2019年10月に発表した調査

IT部門がビジネス拡大に不可欠と考えている企業は全体の7%

IT部門は会社にとって

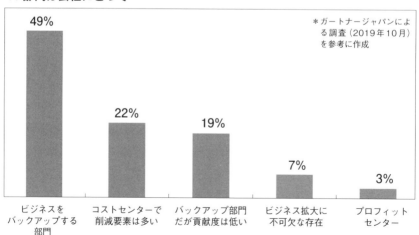

＊ガートナージャパンによる調査（2019年10月）を参考に作成

- 49% ビジネスをバックアップする部門
- 22% コストセンターで削減要素は多い
- 19% バックアップ部門だが貢献度は低い
- 7% ビジネス拡大に不可欠な存在
- 3% プロフィットセンター

結果によると、経営者の90％はIT部門を「ビジネスのサポート役」と考え、わずか10％の経営者しかIT部門を「ビジネスのリード役」と位置付けていない。その10％の内訳は「IT部門はプロフィットセンター」が3％、「IT部門はビジネスをバックアップするのみではなく、ビジネス拡大に不可欠な存在」が7％である。

　DXの推進はまさに「ITはビジネス拡大に不可欠」が大前提のはずである。わずか7％という数字がユーザー企業経営者のDXやITに対する認識の現実だろう。IT部門をサポート役と見る90％の内訳は49％が「ビジネスをバックアップする、なくてはならない重要な存在」としている。

　第4章では、DXを推進する組織のあり方について考える。

従来型のIT部門にDXは荷が重い

　もし、経営者がDXを推進するため「我が社もAIを積極的に導入するぞ」と号令を発したら、対応するのはどの部門なのだろうか？　AIはITの1つのジャンルなのだから、IT部門が担当するのが当たり前じゃないか、と思うのは営業部門や経理部門などのいわゆるエンドユーザー部門だろう。

　しかしIT部門に在籍している社員からすれば「**急にAIと言われても困る**」**というのが本音**である。これまでやってきた「基幹システムの再構築とその運用保守」や「社内ネットワークの管理」といった仕事とはまったく異なるスキルが必要だからだ。

　さらに大きな理由もある。導入が進むと、多くの業務がAIやロボットに置き換えられるといわれるが、それが現実となると**会社の経営や社員の働き方にどれほどのインパクトを与えるのかをIT部門の業務の範囲では想像するのは非常に難しい。**もし想像できたとしても、メリットとデメリットを経営に具申する権限も勇気もないだろう。

　IT部門が単なる社内情報システムの管理部門であれば当然こうなる。だから、社長も期待しなくなる。「ニワトリと卵」なのだ。

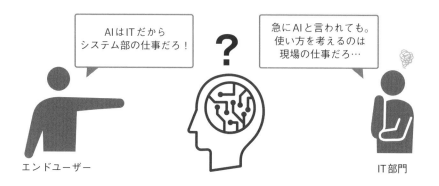

AI活用を例にとっても従来型のIT部門には荷が重い

AIはITだから
システム部の仕事だろ！

?

急にAIと言われても。
使い方を考えるのは
現場の仕事だろ…

エンドユーザー　　　　　　　　　　　　　　　　　　　　　　IT部門

　IT部門は自ら内向き志向となり行動半径の短い仕事しかやらなくなる。このような会社でIT部門がAIを担当するのは無理だ。

　DXでAIはD＝デジタルの重要な技術の1つであるが、手段の1つであって目的ではない。手段の1つにさえ苦戦を強いられているだろうIT部門に目的であるX＝トランスフォーメーションを任せるのが難しいのはご理解いただけよう。

　ではどうすればいいのか。答えはいくつかあるだろうが、**DXの推進にふさわしい組織・体制をつくるのは社長の仕事（心得32）**である。

 心得 **33** ## DXに取り組む場合、中心となる部門の名称は社長自ら考えよう

　ある企業の経営者と話す機会があった。本題が終わった後、筆者から「御社のIT部門は電算課という名称ですが、さすがに古いのではないでしょうか？　ベンダーからはITに弱い会社と思われるでしょう。社員のモチベーションアップも考慮し、タイミングを見て部署名を変更した

らどうでしょう？」と振ってみた。

　すると「言われてみれば確かに時代遅れな感じですね。それではどのような部署名がよいのでしょうか？」という質問が返ってきた。筆者は反射的に「一般的には情報システム部が多いですね」と言いかけて、途中で言葉を飲み込んだ。

　企業の関心は、情報システムどころかITですらなくDXへと移っている。以前から「情シス不要論」も飛び交う。本当に情報システム部でよいのかと自問したのだ。

　そこで「一般的には情報システム部というのが多いですが、最近ではいろいろな名称があります。例えば……」と言い直し、議論を進めた。

　改めて調べると、IT部門の名称にはいくつかの傾向がある。企業によって部、室、課の違いがあるが、ここでは部に統一してリストアップする。

　まず「情報システム部」「システム部」「IT部」というオーソドックスなもの。次に「IT戦略部」「情報企画部」「経営システム部」「戦略情報システム部」といった経営に直結した組織をイメージさせるもの。さらに「事業戦略部」「経営企画部」「経営管理部」など、システムやITという単語がなく、より経営寄りの部門がシステム部門を担うものもある。そしていまだに「電算部」という名称も残っている。

　部署の名称は重要である。名は体を表す、という言葉がある。経営者や部門長が思いつきで最近流行りの先進的な名称を付けただけで、仕事の中身は以前とまったく変わらないケースもある。だが、多くの場合は**経営者や部門長の経営や事業への思いの表れととらえるべき**だ。

　以前から「情報システム部」という名称を使い続けてきた企業が、この名前を変えることで「コンピュータシステムのお守り部門ではない」という意志を示せるかもしれない。

　実際に新たに創業したベンチャー企業では「情シス」という部門名を使うことはほとんどない。新興企業のビジネスモデルほど経営とテクノロジーが一体となっており、「情報システム」ではなく「経営そのもの」

ととらえているからだ。

DXに取り組む場合、中心となる部門の名称は社長自ら考えよう（心
得33）。既存のIT部門、例えば「情報システム部」がそのままDXを担
う部門として適切かどうかは、「DXの推進にふさわしい組織・体制を
つくるのは社長の仕事（心得32)」で述べた通りだ。

それでもIT部門がまったくDXに関与しないことはないだろうし、IT
部門と経営企画部門の全体または一部を統合する形でのDX部門のつく
り方もある。その場合、名称はどうなるか。ストレートに「DX部」と
なるかもしれない。

少し大きな会社であれば「経営改革本部DX推進部」などの名称もあ
るだろう。少なくとも「情報システム部」のままDXの中心部門とすると、
変革の阻害要因になってしまうかもしれない。

部署名と仕事の内容はマッチしているか。もしマッチしていたとして、
会社の成長に貢献する仕事内容なのか。部門として取り組むべき仕事な
のか。マッチしていない場合はどのような名称が適切なのか。逆に名称
に適した仕事内容とはどんなものなのか——。

ほとんどの場合、部署名の命名は経営者や企画部門の上級マネジャー
によって行われ、その部署の当事者は関与できないだろう。しかし、そ
の部署名の意味するところ、期待されるところは何かを理解することは
個々の社員に求められる。

このような議論を先の経営者と行ったところ、最後にその経営者はこ
う答えた。「よくわかりました。自分がIT、いやデジタルに何を期待す
るかを部署名に盛り込むべきですね。真剣に考えて、結論が出たら役員
会に諮ります」。

そう。これも最後は社長の仕事である。

心得
34

DXに強い組織をつくるため社長はIT部門の全体像を理解する

　本章ではDX推進に欠かせない実働部隊としてIT部門に触れている。IT部門の仕事というと、システム開発のプロジェクトばかりに視点が向きがちだが、常に開発プロジェクトがあるわけではない。

　普段はいわゆる定常業務が中心だが、その内容は多岐にわたる。**定常業務を理解することで、IT部門の全体像が見えてくる。DXに強い組織をつくるため社長はIT部門の全体像を理解する（心得34）べきである。**ざっと分類すると①システムの運用・保守・維持管理②IT資産管理③ヘルプデスク④システム案件の企画・調査⑤エンドユーザーのリテラシー教育」になるだろうか。

　①システムの運用・保守・維持管理では、ベンダーと保守契約を締結してソフトウエアのメンテナンスなどを任せることが多い。サーバーもデータセンターやクラウドサービスを利用すればIT部門にかかる運用負荷は軽微である。

　②IT資産管理はパソコンのリース契約やアプリケーションソフトのライセンス管理などだが、企業によってIT部門がやるか総務がやるか担当部署はまちまちだ。運用するパソコンの台数が多いとかなり手間のかかる業務となる。ただ、やるべきことは単純で、管理の仕組みをきちんとつくり、管理ツールを活用すれば効率化できる。

　③ヘルプデスクはエンドユーザーへのサービスレベルをどの高さに設定するかによって業務量が変わる。エンドユーザーの時間単価が高く、わずかな時間のロスも問題となるような金融機関や経営コンサル、弁護士事務所などは専任のヘルプデスクを常駐させるのが一般的だが、そこまで必要ない業種ならヘルプデスクを電話やメールで行う専門会社に外注したり、手の空いているIT部員が対応したりする。

　①〜③は伝統的にはIT部門の仕事とされてきた。現在のIT事情を考

えれば、すべてを社内でやる必要はない。逆に④システム案件の企画・調査⑤エンドユーザーのリテラシー教育は、定常業務ではあるが大きな付加価値を生み出す可能性がある。

　古くはIT部門の仕事は「企画・開発・運用」の3つといわれたが、現在はこれに「調達」を加えた4つと見るべきで、特に企画・調達はコア業務になっている。残る開発・運用はベンダーを適切に活用すればいい。

　④システム案件の企画・調査を行う場合に、コンサルやベンダーを利用するのは問題ないが「丸投げ」は絶対にしてはならない。自分たちに不足している知見を外部リソースで補うようにすべきである。これができずにベンダーに丸投げするIT部門は、経営者から見て価値が低いだけでなく、ベンダーからは"カモ"扱いされる。

　最後に⑤エンドユーザーのリテラシー教育が残るが、実はこれが一番難しい。業務と密接に関連するため、企業によって求められるITリテラシーの内容が異なる。だから丸投げしようにも受けられるベンダーはほとんどない。

　すでに述べたが、エンドユーザーのITリテラシーが高まればシステムやアプリケーションを使った業務の生産性が一気に向上する。経営判断やマーケティング、営業活動のスピードアップや他社との差別化につながる。さらにシステム開発でも無駄な機能を削減できるからコスト削減が期待できる。難しくとも自社中心に取り組むべきだ。

　デジタルが業績に直結するDXの時代にはIT部門の人材に④⑤をこなす能力がより高いレベルで求められるのはいうまでもない。

心得 35　社長はIT部員を積極的に外に出そう

　筆者が若いころからお世話になっている某大手企業の元CIOは、事業部門からIT部門に異動したときに、IT部員の内向きの思考と行動に驚

いたという。「まるでタコつぼに入って、しかも底の方にへばりついているようだ」とその様子を表現した。

　元CIOはIT部門の意識改革に乗り出し、数年かけてそれを成し遂げた。意識改革に対して部員から強い抵抗があったわけではない。逆に反抗するような気概もなく、最初は「笛吹けども踊らず」といった状況だったという。粘り強く少しずつ改革していったそうだ。

　タコつぼ化の問題は多くの企業で共通する。ある中堅企業のIT部長は部下を外に出そうと腐心している。この部長いわく「**IT部員は忙しく、目の前の仕事に没頭しがちだ。**しかし、それでは**自社の事業や他社の事例、新しい技術などに無関心になって、当社のIT活用が凡庸に終わる。**だから、部長が部下の仕事を仕訳して時間をつくり、外を見る機会を与えなければならない」。

　上司が元CIOやIT部長のような考え方であれば部員は成長する機会に恵まれるだろう。しかし開明的で行動力もある上司の下で働けるとは限らない。上司がタコつぼ思考であれば、自分から積極的に行動しない限り、一緒にタコつぼにこもる羽目になる。

　しばらく続くとそれが当たり前になり、居心地が良くなって抜け出せなくなる。DXの時代に経営者が求めるIT部門のあり方は変化しており、タコつぼにこもらせていては対応できない。

　社長はIT部員を積極的に外に出そう（心得35）。手始めに社内の他部門との接点を増やしてはどうか。エンドユーザーから相談があればユーザー部門に向かわざるをえない。社内行事に参加すれば、仕事ではないインフォーマルな接点からネットワークが広がる。

　ベンダーとの接点を増やしたり、変えたりするのも意味がある。既存ベンダーが来たときだけ話すのではなく、たまにはベンダーを訪問させる。展示会やセミナーなどに出向させれば、別のベンダーともコミュニケーションが取れるだろう。

　IT資格の取得を奨励し、資格者が集まる会に参加させる。そこにはさまざまなユーザー、ベンダーの人間がいる。直接的に利害関係のない

立場で情報交換したり、懇親会で意気投合したりするのは貴重な経験となる。

「職場はタコつぼでも、プライベートで趣味があればいいのではないか」と思うかもしれない。プライベートの趣味やスポーツでリフレッシュするのはもちろん有益だ。

しかし「直接の仕事でもなく、完全なプライベートでもない」中間に位置する活動やネットワークがあるとビジネスはさらに充実する。出会った相手がその後、重要な人脈に育つ例は少なくない。

回り道のように感じるかもしれないが、DXに限らずこういった取り組みが変革には有効である。

 ## 心得 36 DXが進む組織を考えたとき、無視できない問題は現状維持志向の中高年社員である

DXが進む組織を考えたとき、無視できない問題は現状維持志向の中高年社員である（心得36）。

パソコンやスマホでニュースサイトを斜め読みしていると、「働かない中高年社員と翻弄される若手社員」といった記事を見かける。これらの記事でいう中高年社員とはたいていの場合、筆者と同世代の50歳代のことだ。

同世代を否定的に書かれて「コノヤロー！」と思う半面、「あるよ、あるある」と納得することも多い。残念なことに、筆者も仕事の現場で残念な中高年社員に出会うこともある。

DXを考えると「現行システムのままがいい」と、新システムの導入に否定的なエンドユーザーが問題である。

基幹システムをはじめ、企業のITシステムは5年、10年と使っていると、陳腐化してくる。要は業務とシステムが合わなくなってくるのだ。社内業務をできるだけ変えたくないという企業であっても、取引先企業

や金融機関、あるいは最終顧客のニーズの変化といった外部要因によって業務は必ず変わる。

ましてや、経営陣が積極的に社業拡大を推進するような企業は日々業務が変化する。ハードウエアのサポート終了やソフトウエアのバージョンアップなどの外部要因もある。

ベンダーの利益のためにユーザー企業が犠牲になっているという意見もあるが、新しい製品を利用するメリットは大きい。ベンダーも競合との争いが激しく、古くて性能の低い製品に頼っていてはビジネスを継続できない。新陳代謝は必要なのだ。

ある保守的な企業で基幹システムの再構築に伴って、エンドユーザーにヒアリングしたときのことだ。保守的な会社とはいえ、経営者や部長はこのタイミングでの再構築は必要と腹をくくっていた。若手社員は現行システムに対する不満が大きかったので、積極的だった。

ところが中高年社員達にヒアリングすると「特に困っていることはない」「データ分析しても営業はできない。お客さんとの人間関係だよ、大事なのは」といった感じで要求が出てこない。若手からの要求をぶつけてみても「その機能はあれば便利かもしれないけど、自分は使わないな」といった反応である。

現状維持派の中高年社員常套句

①面倒が増えるよりも
②現状維持のほうがマシが最優先

・別に今、困っていないし
・データ？分析したって仕事は取れないよ
・営業は結局人間関係なんだよ！
・システムにカネかけてどうすんの？
・自分はそんな機能あっても、使わないな

ヒアリングで最も苦労するのはこのようなエンドユーザーである。そして、このような中高年社員は単に社歴が長いというだけで、ベンダー選定のエンドユーザー代表の一員に上長から指名されることも少なくない。

　新システムに興味がないからベンダープレゼンの場でも、居眠りである。質問もほとんどしない。そしてぽつりと独り言をいう。「今のままでいいのに。システムに金かけてどうするの」。**会社の変革よりも、自分の仕事が変わって面倒が増えるほうが重要な関心事なのである。**

　業務をよく理解している中高年社員にこそ新システム開発に主体的に関与してもらい、ベテランのノウハウが詰め込まれた出来のよいシステムを、次世代を担う若手社員への贈り物にするというのが理想的なのだが、現実はそんなきれいな話はなかなかない。隠れたDXの障害である。難しい問題だが解決策は社長が考えるしかない。

心得 37　上司から指示されたことだけをそつなくこなすIT人材ばかりではDXの時代を勝ち抜けない

　DXやIT関連のコンサルティングを長年手がけてきた中で、筆者は以前からこう訴えている。

　「IT部門はもはや不要ではないかという議論がある。そして、ユーザー企業には明らかな変化が3つある。1つめはIT部門のプロパー社員が減っていること。2つめはIT部員に企画・調達といった上流工程へのスキルシフトが求められていること。3つめはシステム導入の予算や主導権をエンドユーザー部門が握る傾向にあること。このような変化が起きている状況で、IT部門が発注者責任を果たさず、なんでもベンダーに『丸投げ』していれば不要論に拍車がかかるだろう」。

　新しいテクノロジーやビジネスはある日突然現れるわけではない。クラウドやAI、IoTやブロックチェーンといった最新といわれる技術も、

3年どころかそのずっと前から存在するものだ。

　このような技術は誰かがずっと研究と試験を重ねていて、実用化がある段階まで進んだときにあっという間にメジャーになる。だから、それらの技術や実用アイデアにいつから関心を持って取り組むかが問われる。

　大切なのは、ユーザー企業のIT部門という部門単位ではなく、そこに属する一人ひとりのビジネス人として、いつどのように取り組むかを考えることである。個人の好奇心とやる気、才覚のほうが、所属する企業の知名度や規模よりもはるかに重要になる時代がきている。

　ただ**上司から指示されたことだけをそつなくこなすIT人材ばかりではDXの時代を勝ち抜けない（心得37）。**

　逆に、**組織に先んじて新たなテクノロジーを理解し、ビジネスでの活用方法を考えて提案できるような社員が出てくれば、時代をリードすることができる。**こういった人材こそまさに**本物の「人財」**である。**有能な社長ならそういった人材をなんとしても確保しようとするはずだ。**ふさわしい待遇でむくいるだろう。

　もしも社長が無能でそうしたポジションを提供しなければ、せっかくの人材は転職していく。これからのIT部門の社員が目指すべきは、組織の枠にとらわれず、時代の変化に対応し、高値のつく「**IT精通ビジネス人財**」である。

第４章 心得まとめ

心得32： DXの推進にふさわしい組織・体制をつくるのは社長の仕事

心得33： DXに取り組む場合、中心となる部門の名称は社長自ら考えよう

心得34： DXに強い組織をつくるため社長はIT部門の全体像を理解する

心得35： 社長はIT部員を積極的に外に出そう

心得36： DXが進む組織を考えたとき、無視できない問題は現状維持志向の中高年社員である

心得37： 上司から指示されたことだけをそつなくこなすIT人材ばかりではDXの時代を勝ち抜けない

最新デジタル技術に
関する心得

心得 38 社長は「じっとしていたら数年後には生き残れないかもしれない」と考える

　「ゆでガエル」の警句というのがある。ビジネスの世界では有名な警句だが、趣旨を簡単に紹介する。

　カエルは水につかった状態で少しずつ水温を上げても変化に気が付かず、やがてゆで上がって死んでしまう。人や会社も同じようにぬるま湯のような環境で仕事をしていると社会や市場の変化に気が付かずに敗者となってしまうという話だ。

　DXはまさにこれが当てはまる。特にAI、IoT、フィンテック、暗号資産（今でも仮想通貨のほうが一般的かもしれないが、現在の正しい名称の暗号資産を用いる）、ブロックチェーンなどといった最新技術とどう向き合うかを考えるときがそうだ。第5章では、DXに不可欠な最新技術について考えたい。

　漠然と「AIが普及しても自分は大丈夫だろう」「暗号資産はよくわからないけど、危ないって新聞に書いてあった」としか考えなければ「ゆでガエル」になる可能性が高い。それが社長であれば、会社をも「ゆでガエル」にしてしまいかねない。

　たとえ周りが「AIはまだ自分達には関係ない」と言っていても、**社長は「じっとしていたら数年後には生き残れないかもしれない」と考える（心得38）**べきだ。

　「暗号資産なんて詐欺」と言っていたら「危ない、詐欺だ、と言われているのになぜ普及しつつあるのだろう」と疑問を持たなければならない。

　数年先の未来は現在とは大きく異なる。今日の非常識が明日の常識になっていることが珍しくない。**正しく決めるためにはこれまでの常識通りの順方向だけでなく、別の視点からも物事を考えるのが大事**だ。世の中がほとんど「順張り」なときこそ「逆張り」の発想で事象を眺めるべきである。

心得 39　社長がAI導入を図るべき理由はいくつもある

　DX推進の核となるITの一つとしてAIの注目度が高まっている。AIはこれまでも何度かブームと呼ばれる時期があり、現在は「第3次AIブーム」だともいわれる。

　過去のブームのように数年で鎮静化するのか、あるいは今回のブームが実用元年となるのか議論は分かれるが、筆者は実用化が進むと考えている。

　筆者は毎年米国で開催されるCESという世界最大のテクノロジーに関するコンベンションに参加しているが、数年にわたって大きな話題になっているのがAIを使った自動運転である。大手自動車メーカーはもちろん自動運転ソフトを開発するベンチャーなども出展するなど多士済々だ。日本でもトヨタ自動車や日産自動車などが盛んに自動運転をテーマにしたテレビCMを流している。

　自動運転に関する競争が激化し、ますますAIが進化していくのは間違いない。コンピューター上で動作するAIだけでなく、自動車のような大量生産品に利用されるようになれば、加速度的に他分野での応用が進む可能性が高い。

　日本は少子高齢化による若年層の労働資源不足という問題から逃れることはできない。ホワイトカラーの労働生産性の低さも積年の課題だ。**社長がAI導入を図るべき理由はいくつもある（心得39）**。

　一般企業、特に中小企業にとってAI導入というとハードルが高いと思われがちだ。高度なAI活用には専門の技術者が必要だし、多額の予算が必要になるが、安いコストで比較的簡単に使えるサービスも増えてきている。

　例えばAIのクラウドサービスを使ったテキストマイニングである。テキストマイニングとはテキストデータを単語や文節で区切り、その出現頻度や単語同士の関連性などを分析する方法だ。

大量のアンケート分析などに有用な技術である。AIを使ったテキストマイニングは簡単な機能は無料のクラウドサービスで使うことができる。高度な機能は無料ではなく有償となるが、それほど高価ではない。

グーグルやアマゾン・ドット・コム、マイクロソフト、IBMなどのグローバルな大手IT企業も無料や安価でさまざまなAIサービスを提供していて、誰でも使うことができる。

本格的に日本の一般企業にAIが入り込むのはまだ少し先かもしれないが、技術は普及し始めるとある時点で一気に浸透する。今から注目しておくべきである。

AIが導入されると、多くの事務員や運転手の仕事はAIやロボットに置き換わるといわれるが、それが現実となると会社の経営や社員の働き方にどれほどのインパクトを与えるのか？　通常のIT部門の仕事の範囲では想像するのは非常に難しい。社長はこういった視点から新たな技術に着目する必要がある。

 ## 心得 40 IoTも今後飛躍的に浸透する注目技術である

DX関連でいえば、**IoTも今後飛躍的に浸透する注目技術である（心得40）**。IoTとはInternet of Thingsの略語であり、その意味は「パソコンなどのコンピューターだけでなく、さまざまなモノに通信機能を備えてインターネットにつなげてデータを収集しそれを活用する」である。

IoTはすでにさまざまな分野で実用化されている。製造業では製造ラインの異常検知や各種温度管理などで利用されている。

農業での温度、湿度、日照時間の24時間監視などもIoTの活用事例であり、かなり以前から実用化されている。一般家庭でもエアコンのスイッチを外出先から操作できる機能や、ペットの様子をスマホで見ることができるサービスなどはIoTの身近な事例だ。

今後は**AI**との組み合わせで大きく**進化**することが**期待されている**。まさにストルターマン教授の「人々の生活をあらゆる面でより良い方向に変化させる」を実現する技術の組み合わせといってよいだろう。

IoT+AIの代表例が自動運転である。自動車に取り付けられたセンサーやカメラといったモノ（Things）が自動車の全方位や路面からさまざまなデータ収集する。そのデータを自動車に取り付けられているコンピューターだけでなく、インターネットを通じて他の自動車や交通センター、自動車メーカーが提供するドライバーサービスなどとつなげる。ネットでつながり、データがシェアされ分析されることで事故の防止や渋滞の予測と回避などを実現する。

IoTはセンサーやカメラといった物理的なモノがあるので、AIやブロックチェーンのようなソフトウエア技術より比較的イメージしやすいのではないかと思う。特に製造業や建設業など物理的な現場仕事がある会社の社長は、事例も多くあるので、自社と比較して、IoTの利用が可能な領域はあるか、また利用した場合にどんな効果が期待できるかを考えてみたらどうだろうか。

これまでIoTとはあまり縁のなかった業種でも社長は社員と一緒にブレーンストーミング形式で「ウチでもIoTは利用できないか？」などと議論するのも面白いだろう。他社と差別化できる優れたアイデアが見つかるかもしれない。

心得 41 技術の組み合わせによる事業や業務の革新こそがDXの本質にほかならない

「AIやIoTはなんとなくわかるのだが、ブロックチェーンはよくわからない」という声をよく聞く。多くの読者も同じような感想を持っているのではないだろうか。

筆者は個人的に、ブロックチェーンをDXに対する社長のスタンスを

知る格好の技術だと考えている。少し長くなるが説明しよう。

　ブロックチェーンというとまず思い浮かぶのはビットコインに代表される暗号資産だろう。暗号資産のイメージそのままにAIやIoTに比べると「よくわからない怪しい技術」といった先入観を持たれがちである。またブロックチェーンの具体的な話になるとハッシュ関数やマイニング、ステーキングなどの専門的で難解な用語が用いられることが多いため、「ITの専門家にしかわからない」と敬遠されがちなのはいたしかたない。

　一方で金融機関やDXに積極的なIT企業、海外の国家の一部はブロックチェーンの利用に積極的である。思惑を端的に言えば「ビットコインなどの暗号資産は投機対象となりうるのでリスクはあるが、そもそも現在の資金決済とて銀行の残高上の決済が主流で数字の残高のやりとりではないか。そしてブロックチェーン技術は暗号資産以外にも用途が広く、非常に有用である」ということだ。

　暗号資産はブロックチェーンを利用したソリューションの1つでしかない。さまざまな用途に使える技術であり、非常に安価にソリューションへ利用できる可能性が高い。だから金融機関や国家などが表では「暗号資産は投機だから危ない」と言いながらその裏で、激しい開発競争をしているのだ。

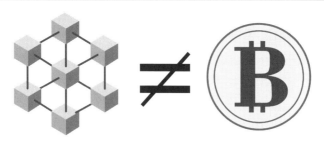

ブロックチェーンはさまざまな可能性を持った技術だ

・暗号資産はブロックチェーンの活用事例の1つ
・DXにも利用される将来有望なテクノロジー

「当社は金融機関でもIT企業でもない、ブロックチェーンは関係ないだろう」と考えている経営者がいたなら、今日のこの時点しか見ない安易な考えである。製造業だろうと流通業だろうと業種を問わず、ブロックチェーンは近い将来一気に普及する可能性がある。

AIとIoTそして通信の5Gとブロックチェーンは、それぞれが別々の話のように聞こえるが、実はそれらが密接に関連して新しいソリューションが誕生している。全部つながっているのだ。

技術の統合が重要なキーワードである。技術の組み合わせによる事業や業務の革新こそがDXの本質にほかならない（心得41）。 社長は一般常識としてこのことを知るべきである。

会社のトップである社長は食わず嫌いをやめ、先入観を排除してブロックチェーンの記事や番組を目にしたならば、頑張ってそれら読むなり見るなりすべきだ。技術はある時点を境に一気に普及することが多い。

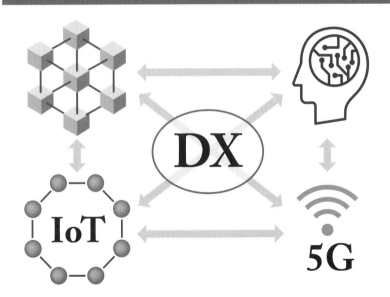

さまざまな技術の組み合わせがDXの可能性を高める

油断は大敵である。

心得 42 ブロックチェーンはさまざまなソリューションに利用され始めた

　もう少しブロックチェーンの話を続ける。先日、ある社長と話した時のことだ。

　「我が社はAIやIoTを活用した新しいビジネスを検討中である。クラウドシステムでそれらのサービスが提供されていると社員から聞いた」とのこと。そこで筆者は「ブロックチェーンの利用も検討されていますか？」と問うた。

　質問に対して社長は「聞いていませんね。ちょっと担当者を呼びます」。呼ばれたシステム担当者に話を聞くと「当社はIoTで必要なデータを集めて、AIで分析することを検討しています。ブロックチェーンはその構想に特に必要ではないと感じているので検討していません」との回答が返ってきた。

　もう少し詳しく聞くと、IoTを提案したITベンダーにブロックチェーンの知識がなく、提案がないから検討していないことがわかった。おやおや、という感じである。その会社もベンダーもブロックチェーンがわかっていないというよりは、**さまざまな技術を組み合わせて考えていくという発想が弱い**という印象を受けた。

　後で、この会社が利用しているクラウドサービスには実はブロックチェーンを簡単に利用できるサービスがあるのを知った。試そうと思えばすぐにでも利用できる環境にあったのだ。

　それをベンダーは提案できない。提案がないからシステム担当者は検討すらしない。そんなことが日本のそこら中で起こっているだろう。

　ブロックチェーンをどう利用し、他の技術とどのように組み合わせていくかといった専門的なことに社長がタッチする必要はない。実務は社

員やITベンダーに任せればよいが、暗号資産専用の怪しげで難解な技術という早合点は間違いであり、**ブロックチェーンはさまざまなソリューションに利用され始めた（心得42）**ことを社長は認識しなければならない。

心得 43　DXでもセキュリティーを忘れてはならない

DXが重要だからといって、社長がITに前のめりになればいいというものではない。**DXでもセキュリティーを忘れてはならない（心得43）**。日常の活動の中に思わぬスキがある。

経営者のAさんから聞いた話を紹介したい。Aさんは中小企業の経営者が集まる任意団体に入っているが、月例会に参加したときに目を疑う事態に遭遇したというのだ。

この経営者団体は会員間のコミュニケーションの促進を目的として、あるグループウエアを導入していた。しかし、思ったように利用率が上がらない。

団体の事務局はなんとか利用率を向上させるべく、月例会で改めてグループウエアの機能説明と啓もうを行おうとした。数枚の資料を用意し、あらかじめ会員人数分を会場の机の上に配布しておいた。

配布資料の1つを見てAさんは絶句したという。配布資料には全会員の氏名とユーザーID、さらにパスワードまでが一覧表で記載されていたのだ。

Aさんは思わず「なんだこれは」と叫びそうになったが、「ここで騒ぐと被害がさらに大きくなる」と瞬時に判断し、とりあえずは何もなかったように会議をやり過ごした。休憩時間に事務局メンバーを裏に連れて行って注意し、一枚も残さず回収させたそうだ。Aさんの判断は冷静沈着なものだ。

企業の評判にも傷がつく

　問題を整理しよう。まずパスワードの漏えいだが、氏名とID、パスワードがセットになっていたのは非常に深刻だ。「サービスごとに独自のパスワードを設ける」のが理想だが、現実には難しい。筆者も結局は複数個を使い回しているのが現状だ。多くの読者もそうだろう。

　名前とID、パスワードがセットで漏れると同じパスワードを使っている複数のサービスがセキュリティーリスクにさらされることになる。Aさんは会議から帰宅してすぐに利用しているサービスのすべてのパスワードを変更したそうだ。

　次にAさんがもしすぐに叫んでいたらどうなっていたのかを考えてみよう。資料が外部に出てはいけないことに気付いた参加者がむやみに大騒ぎしたり、悪用したりしたかもしれない。

　Aさん以外に、事務局を注意した会員はいなかった。事務局は注意された理由がすぐにはピンとこなかったが、リスクを説明したら青ざめて平謝りだったそうだ。

　資料の回収時はさすがに数人の会員が「そうでしょう。回収でしょう。これはまずいよね」と同調したが、何の反応を示さなかった会員も多かったという。団体会員の多くが事務局も含め中高年の男性とのことだった。

　セキュリティー意識の高いIT業界の集まりであればこのようなことは起こらないだろうが、他の業界やコミュニティーでは同じような現場に直面する可能性は十分にある。社長に自戒を促したい。

　もしこのような現場に遭遇したら、Aさんのような冷静な対処が望ましい。さらに自らリーダーシップを発揮して、再発防止策や仕組みの改善を提案する行動を取るべきであろう。

　個人情報が漏えいすれば、損害賠償にまで発展しかねないし、機密情報がもれれば競争力に影響を及ぼす。どちらの場合も明らかになれば、企業の評判にも傷がつく。決して、セキュリティーをおろそかにしてはならない。

第 5 章 心得まとめ

心得38：社長は「じっとしていたら数年後には生き残れないかもしれない」と考える

心得39：社長がAI導入を図るべき理由はいくつもある

心得40：IoTも今後飛躍的に浸透する注目技術である

心得41：技術の組み合わせによる事業や業務の革新こそがDXの本質にほかならない

心得42：ブロックチェーンはさまざまなソリューションに利用され始めた

心得43：DXでもセキュリティーを忘れてはならない

デジタル投資に
関する心得

心得 44　DXにはデジタル投資が不可欠だが、調達段階で投資対効果を把握するのは難しい

DXにはデジタル投資が不可欠だが、調達段階で投資対効果を把握するのは難しい（心得44）。 社長は何を基準に投資を進めるべきなのかを知っておく必要がある。第6章では、DXを進めるための投資について考える。

工場の生産機械などの設備投資の場合は、いくらの投資で1年間にどれだけの製品が生産できるか、比較的簡単に試算できる。製品の販売需要が十分に見込めるのであれば、生産設備にいくら投資してそれが何年で回収できるかがすぐに計算できる。

DXへの投資は違う。古いシステムを使い続けていて、維持管理費用などのランニングコストが高額な場合であれば、新システムへの移行によるコスト削減効果は試算しやすいが、変革が目的のDXでこのようなケースは少ない。

新規事業を開始するために必要なシステムにどれだけの費用をかけてよいのか？　社員やコンサルタントを用いて仮説を立て、試算することはできるし、必要である。しかし、あくまで仮説であり数年後にその通りになるかどうかは誰も保証できない。

だからこそ、**社長が決断する必要がある。** 日ごろから**物事を俯瞰的、長期的、大局的に見る**のはこのためだ。簡単ではないが、企業のトップを務めるというのは難しい判断を行うことである。

心得 45　社長は自社のデジタル投資に積極的に関与しなければならない

社長は自社のデジタル投資に積極的に関与しなければならない（心得

社長がデジタル投資の責任を取るべき5つの理由

> 投資のインパクトが大きい

> 対象の社員数でコストが変わる

> システム障害の許容範囲

> 投資判断は「知利情」

> 社員の質が変わる

45）。実務は社員にやらせても、**最後は社長がコミットすべきである。**すでに述べてきた内容と少し重なる部分もあるが、5つの理由を説明する。

①売り上げや利益に対する投資のインパクトが大きい

　売上高営業利益率が5％の会社が2000万円の利益を出そうとすれば4億円の売り上げが必要になる。DXのための投資は本気でやるなら少額では済まない。また変革が目的なのでリスクもある。その投資が社員任せでよいだろうか？

②対象にする社員数で投資額が変わる

　もちろん、どのような投資かによって異なるが、クラウドサービスの利用料やソフトウエアのライセンス料金は利用する人数が増えれば高くなる。100人が使うより1万人が使うほうがコストはかかる。一方でボリュームディスカウントが一般的なので利用する人数が増えるほど1人当たりのコストは下がる。ではどれだけの社員にどれだけのコストをかけてDXを推進するのか？　それとも現状維持でとにかくコストを抑え

るのか？　その判断は社長の仕事だ。

③システム停止の許容範囲を決められるのは社長だけ

　システムの障害対策を強化し、無停止で運用しようとすると膨大なコストが発生する。社員やベンダーは万一システムが障害で停止したら社長に怒られるので、できる限りの障害対策をしようと考える。しかし現実には金融機関でもない限り、2〜3時間止まっても影響が少ない会社が多いのではないか。許容範囲を見いだせればコストは大幅に削減できる。「3時間なら止まっても構わない」と言い切れるのは社長だけだ。

④投資の判断は「知利情」

　知情利の「知」とはベンダーの提案内容の評価軸だ。ソリューションが具体的かつ論理的に提案されているかを判断する。これは社員やコンサルタントに任せてもよいかもしれない。「利」は見積もり金額だ。どんなに「知」に優れた提案でも、もし予算を超えていれば社員に判断を任せれば却下となる。社長なら大英断を下して、予算オーバーでも決裁できるかもしれない。「情」はベンダーの取り組み姿勢である。ベンダーと自社との相性も大事だ。本気に取り組んでくれるベンダーかどうか、熱意や相性を見抜く力はトップである社長が一番持っているはずだ。

⑤社員の質が変わってくる

　トップである社長が「ITはわからんから君らに任せた」という態度だったとしよう。目先の投資はなんとかなるかもしれないが、このような会社は生まれたときからデジタルやインターネットが身近な「デジタルネーティブ」な若者にとって魅力的ではない。少子高齢化社会では若手社員は他社との奪い合いだ。優秀な若手がどんな会社への就職を希望するか、少し考えればわかるはずだ。やる気も下がる。こうしてDXへの道のりは遠ざかる。

　繰り返すが社長の覚悟が成功か失敗かを分ける最大の要因になる。社長は全社員にこう宣言すべきだ。

　「今回のDXは社員全員が総力を挙げて取り組む全社プロジェクトで

ある。プロジェクトに全面的に協力するように。私も全力をつくす」

心得 46 システム開発の目的を理解した上で投資額を決めるのが社長の仕事だ

　ここではデジタル投資の詳細について触れていきたい。デジタル投資に伴うシステム開発に関してITベンダーがどのように見積額を算出しているかご存知だろうか?

　IT専門誌「日経コンピュータ」の調査によると、ITベンダーへの「あなたが関わっている案件で、採用している見積もり手法はどれか」という質問に対する回答は以下のようなものだった（複数回答可）。主要なものは3つだ。4位以下は省略する。

第1位　事例類推法　64%
第2位　担当者個人による勘・経験　58%
第3位　WBS（ワーク・ブレークダウン・ストラクチャー）法　44%

　事例類推法とは過去の似たような案件の見積もり金額やプロジェクト

デジタル投資で示される見積もりは アナログの判断に基づいている

・事例類推法　　　　**64**%

・担当者の勘・経験　**58**%

・WBS法　　　　　　**44**%

実はいずれもアナログ

出所:日経コンピュータ

終了後の実績金額などを参考にして見積もる方法である。勘・経験は説明するまでもないだろう。WBS法とは対象となるシステム開発で想定される作業を細かく洗い出し、個々の作業単位ごとに工数を見積もり、加算していく方法である。1位の事例類推法と2位の勘・経験による算出はいわばアナログ手法による算出だ。

　WBS法は一見科学的に思える。確かに類推や勘よりはアプローチが論理的だが、個々の作業単位の設定やその作業単位ごとにどう見積もっているのかといえば、実は事例類推か勘・経験だというケースが多い。**ITベンダーのシステム開発に関する見積もりはほとんどが営業担当者や担当技術者のアナログ作業から生まれているのだ。**

「投資は安ければいい」とはならない

　発注側のユーザー企業でも同じことがいえる。「今度のシステム開発に対して予算をいくらにすればよいか？」というのはユーザーにとって難しい問題である。難易度でいえばITベンダーの見積もりより、ユーザーの予算決めのほうが難しいかもしれない。「予算を決めないでベンダーの見積額だけで評価する」というユーザー企業も多い。

　しかし、このやり方は大きなリスクを伴う。システム開発は投資であり、ビジネス上の効果が求められる。投資対効果を考えずにベンダーの見積金額の比較で判断する危なさは社長であれば理解できるはずだ。その上、すでに書いたように「DXにはデジタル投資が不可欠だが、調達段階で投資対効果を把握するのは難しい（心得44）」。

　見積金額だけの比較だとどうしても「安い方」を選びがちになる。安くて良いものなら賢い選択だが、安い見積もりは往々にして「安かろう、悪かろう」になる。

　これを選んでしまうとシステム開発は必ず失敗し、多大な追加コストと大幅な納期遅延を引き起こす。**システム開発の目的を理解した上で投資額を決めるのが社長の仕事だ（心得46）。**

心得 47 デジタル投資の予算額を試算すべきである

　デジタル投資の話を続ける。システム開発の「支払額」を決めるのには2つの方法がある。

①発注者があらかじめ予算を決めて、その上で調達をかけ、予算の範囲内あるいは若干の予算増加調整をして、支払額を決める。
②ベンダーからの見積額を見て、値引き要求などの交渉も含めて払える範囲内であればそれを支払額とする。

　適切なシステム開発のコストを見積もるのは非常に難しい。システム開発の現場を見ていると、②のやり方で支払額を決めているケースが多いように思う。

　どのようなハードウエア、ソフトウエアあるいはサービスがあって、それにいくら費用がかかるのかという情報はITベンダーが持っている。②のやり方になるのはしかたないのかもしれない。

　それでもできる限り、**企業はデジタル投資の予算額を試算すべきである（心得47）**。第7章で詳述するRFPに予算を表示すべきか否かはよく議論になる。だが予算の金額を書くかどうか以上に、予算を試算しているかどうかのほうが実際には重要だ。

　たとえRFPに予算を記載しない場合であっても、発注者側は予算を必ず試算すべきある。ハードがいくら、開発費がいくら、といったベンダーと同様の費目の積み上げによる試算を求めているのではない。**システムを使う事業や目的とするDXの効果の観点から「いくら生み出せるのか」を試算する。**

　例えばある新規事業で1年間に2000万円の利益を見込むと計画しているのであれば、2年でシステム投資を回収するなら4000万円、3年な

新規事業の利益予定が1年＝2000万円なら
投資回収予定年数により出せる予算は

現行のシステム維持費用1年＝1000万円
新システムの維持費用1年＝500万円の見込み

> 2年なら＝4000万円
> 3年なら＝6000万円

> 5年で2500万円節約
> 5年で回収＋性能の向上

ら6000万円を投資の大枠の予算と見ることができる。現行システムの維持管理費が年間1000万円かかっていて、新システムでは維持管理費が半額の500万円になるのであれば差し引きで毎年500万円が浮くから、5年で2500万円が節約できる。

この場合、新システムを2500万円で構築するのならコストは5年で回収できる。回収期間は少し長いかもしれないが、現行システムよりも高機能で快適な環境を得られるのならメリットは十分にある。

事業環境の変化が激しい今日では、予算が結果として間違いとなることもあるだろう。それでも予算を立てずに行き当たりばったりでコストを支払うより断然ましである。

試算を繰り返して予算案をまとめるのは社員の仕事でよい。とはいえ**DXは単なるシステム化ではなく事業目論見そのものだ。**

できれば社員任せにせず、社長も試算のプロセスに参加するのが望ましい。そして予算を最終的に決めるのは社長の仕事だ。

心得
48

デジタル投資には中長期的に業績を向上させる力がある

別の視点からDXにかかわるデジタル投資について考えたい。業績の

低迷に悩んでいる企業の社長がいたとする。このままではジリ貧なので、なんとか100万円を工面してテコ入れを図ることを考えた。選択肢は2つある。

①100万円を交際費として、営業の攻勢をかける。
②100万円分のタブレット端末を購入して営業担当者に持たせ、外出先から在庫確認や引き当てができるようにする。

　言い換えると交際費として使うか、デジタル投資で業務ルールを変えるかの選択だ。読者ならどちらを選ぶだろうか？
　短期的に売り上げを確保したいのであれば交際費のほうが効果はあるだろう。なじみの顧客をゴルフにでも招き、その後はカラオケ接待で「今ちょっと苦しいのでひとつよろしく」とでも泣きつけば多少の注文は取れる可能性が高い。
　しかし、こうした注文は一時的なものにすぎない。売り上げはあったとしても交際費を多く使えば利益は残らないだろう。企業にとって大事なのは利益だ。
　一方のデジタル投資はどうだろうか？　タブレット端末を営業担当者

100万円あったらどちらを選ぶ？デジタル投資vs交際費

 をどう使う？

	デジタル投資	交際費
打ち手	営業員にタブレット	ゴルフ接待
ターゲット	数カ月後の売り上げ	明日の売り上げ
持続性	中長期	一時的

に持たせ、いわゆる「モバイル営業」を取り入れたからといってすぐに売り上げが増大するわけではない。

モバイル営業の意義はタブレットを使うことではなく、外出先からでも社内にいるのと同じように仕事ができることだ。タブレットのようなモノが直接的に売上増大に寄与することはまずない。

移動時間や隙間時間を減らし、そこで生まれた時間を客先滞在時間や訪問回数を増やすことに回すのが重要なのだ。さらに客先でリアルタイムに在庫を確認したり、受注処理ができたりすることで顧客にメリットを与えるのが大事だ。

繰り返しになるが即効性を期待してはいけない。1カ月や2カ月ではすぐに目に見える売り上げや利益の増大は難しいだろう。

しかし、継続していけば3カ月後、半年後、1年後には営業上の効果が期待できる。**デジタル投資には中長期的に業績を向上させる力がある（心得48）。**

デジタル投資を選ぶべきだと断言したいが、企業には本当に厳しい状態で**短期的かつ一時的な売り上げが必要な時もある**。そのような状況であれば接待もありだろう。

会社の状況を見て、どちらを選択するかは社長の仕事である。

 デジタル投資で最も悩むのは「いくらで」だが、最も重要なのは「何を」だ

デジタル投資の内容はその対象や規模、DXの目的によってさまざまであるが、どんな場合にも共通する最も基本的な要素がある。以下に示す3つだ。

何を＝新システムやサービスを利用して実現したいこと
いくらで＝予算

いつまでに＝納期

　デジタル投資で最も悩むのは「いくらで」だが、最も重要なのは「何を」だ（心得49）。基本的にデジタルのコストはユーザーからすると高く感じるからだろうか。

　一見同じようなシステムで価格が何倍も違うこともある。もちろん素人目に同じように見えるだけで、中身は大きな差があるのだが。

　ITベンダーが提示する見積額の査定は難しい。専門のコンサルタントであっても簡単ではない。知識と経験を持ったコンサルタントが真剣に提案内容を読み込み、比較し、調査することで、提案内容と見積金額が妥当か、割高なのか評価できるのだが、それでも間違いがないとはいえない。

　仮に提案内容と見積金額が妥当だったとしても、これでOKではない。投資額（見積額）を支払うことで得られる効果、つまり**投資対効果の視点で最終的に判断する必要がある**。

　コンサルタントはいくつかの仮説を立てることで、投資対効果の判断を手伝うが、判断を下すのは発注者である。実は直感的に投資対効果を判断できる人がいることがある。それはズバリ、発注する側の社長である。

デジタル投資を考える際の基本3要素

何を	新システムやサービスを利用して実現したいこと
いくらで	予算
いつまでに	納期

企業のトップである社長には皮膚感覚に近い感覚で、自社の身の丈や業界の動向などを把握しているケースが少なくない。そういった**社長は見積金額を見た時に「これなら払える」「この投資額は回収できないな」という投資対効果の限界が直感的にわかる**ようだ。

一般論として、デジタル投資で「KKD＝勘・経験・度胸」に頼るのは悪手である。しかし、投資対効果の大局的な観点では「これはいける」「これはなんだか胸騒ぎがする」という社長の直観が当たることも少なくない。

勘違いしないでほしいのだが、社長のKKDで予算や見積金額が算出できるわけではない。出てきた金額が自社のキャパシティーを超えているかどうか直感的にわかることがある、ということだ。

社長と見積もり内容の妥当性を評価できるIT部門、コンサルタントが協力することで適切な投資額を決められるようになる。

心得
50

コストを抑制するために無駄なものはやめる、必要なものには適切に投資する、という二律を求める

「トップとしての冷静な視点でデジタルとの付き合い方をコントロールしなければならない（心得20）」で触れたように、世の中にはデジタル嫌いの社長がいる。真っ先に挙げてくる理由は**「ITは金食い虫だ」**というものだった。これからは**「デジタルは金食い虫だ」**あるいは「DXは金食い虫だ」に変わるかもしれないが。

自社の商売は節約や改善を重ねて10円、100円の単位で利益を出す努力をしているのに、デジタル投資となるとドーンと100万円、1000万円の単位で見積もりが出てくる。いったいどうなっているのかということだが、この見方は視野が狭い。デジタルへの投資はコストではなく効果の視点で見なければならない。

単なるコストと考えれば確かにデジタルほど高いものはないのかもし

れないが、もはやほとんどの企業はデジタルなしで業務はこなせない。**「安物買いの銭失い」**はデジタルの世界でもまったくその通りなのである。以下のようなことに思い当たる社長は要注意だ。

・システム開発費を中途半端にケチって、手作業を多く残す→残業代など人件費が増大
・保守費用をケチって、重大トラブル対応はすべて別費用→トラブル対応コストが高くつく。ITベンダーからするとオプション業務なので手配までに時間がかかる。つまりトラブル時間が長くなりその間の機会損失も増大
・社長の友達の知り合いのフリープログラマーに前金を払って安くシステムをつくってもらうことになったが、途中でとん挫。前金は戻らず、結局別の会社で一からつくり直しとなった。社長と紹介した友達との仲も険悪に
・「動けば十分だ」と古いパソコンを再リースし続けて長く使いすぎる。パソコンの動作が遅くて社員の生産性が落ちるばかりでなく、新しいソフトウエアも使うことができず、取引先からも「まだそんな古いの使っているんだ」とあきれられた
・個人情報を扱う会社なのに、十分なセキュリティーを取らなかったため情報漏えいが発生。会社の信頼はどん底となり、取引先も次々と離れてしまった。信頼回復のため多額の費用と時間を使うはめに

　もちろん高ければよいわけではない。**コストを抑制するために無駄なものはやめる、必要なものには適切に投資する、という二律を求める（心得50）**ことが大事だ。「デジタルは嫌い」「ITは金食い虫だ」と言って社長が逃げていたらDXなど夢のまた夢である。

複数の視点からデジタル投資額の適正基準を査定する

　少し具体的な金額を示しながら、デジタル投資の適正価格について考えたい。

　年間売上高が100億円程度の会社であれば、基幹系システムのイニシャル導入コストは1億円を超えることが多い。この会社の営業利益率が5％だとすると、1億円の利益を稼ぎ出すには20億円の売り上げが必要になる。

　年間の売り上げの5分の1がシステム導入費用で飛んでいく感覚である。自社の売り上げや利益を念頭に置けば、見積額はとにかく高く感じられるだろう。

　社長からすれば「なるべく安く」「誰かのお墨付きが欲しい」となりがちだ。そして調達コンペをやらずに、「見積もりが一番安かった」「知人からの口利きがあったから」「営業担当が気に入った」といった理由でベンダーやソリューションを選定してしまう。

　うまくいけば問題ないが、現実には前節で触れたように安物買いの銭失いとなることが多い。予算が2倍になった、納期が半年遅れたなどの形でプロジェクトが失敗する。

　コストが2倍になると当初予算の1億円が2億円に膨らむ。2億円の利益を出すためには40億円売り上げなければならない…。大変な数字である。

「高い」と思うなら社長はなおのこと、できる限り精緻に見積額を査定すべきだ。では、どうすればよいのか。

　1つの方法での査定はなかなか難しい。だから、過去の実績、競合との比較、相見積もりの実施など**複数の視点からデジタル投資額の適正基準を査定する（心得51）**。例えば、こんな感じだ。

①現行システムは8年前に5000万円でつくったが、追加開発で3000万円を投じている。今回の再構築で増やす機能の価値を2000万円と査定すれば、適正な開発コストは現行機能＋新機能で1億円となる。

②自社と同規模の他社事例を調べたら8000万〜1億2千万円の事例が多かった。

③ベンダーと関係のないコンサルタントに概算見積もりを計算してもらったら1億円前後との回答であった。

④今回は4社のコンペから選定したが、いずれの企業も見積額は1億〜1億5千万円の範囲だった。

　これら**4つの視点を合わせてみれば1億円のコストは妥当だと判断できる**。それでもまだ納得がいかず、「高い」と思うのなら社長は自ら別の視点を提示すべきである。あるいはなぜ4つの視点が一致しても納得できないかを論理的に説明すべきだろう。

　それができなければ、「高い」というのは単に社長の「ビビり」でしかない。社長がビビッていてはDXは実現しない。

デジタル投資の適正額を複数の基準で判断した例

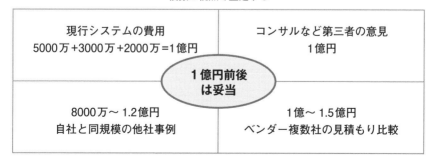

デジタル投資の金額や見積もりの査定は難しい
「これ」という1つの方法はない
複数の視点で査定する

現行システムの費用 5000万＋3000万＋2000万＝1億円	コンサルなど第三者の意見 1億円
1億円前後は妥当	
8000万〜1.2億円 自社と同規模の他社事例	1億〜1.5億円 ベンダー複数社の見積もり比較

心得 52　毎年継続して発生するITシステムのランニングコストを軽視してはならない

　デジタル投資のコスト評価で社長が忘れてならないものがある。要件定義や開発などに携わるITエンジニアの人件費やサーバーなどのハードウエア購入費用などの**イニシャルコストに目が行きがちだが、毎年継続して発生するITシステムのランニングコストを軽視してはならない**（**心得52**）。システムの調達時にランニングコストの試算は重要な評価項目となる。

　このことは多くの発注者も理解しているので、提案の際、RFPに「5年間のランニングコストを明示してください」といった要求を記載する。調達時にランニングコストを意識して、中長期的な視点でとらえるのは良いことだし、RFPにも浸透してきている。では毎年きちんとランニングコストのチェックや提供されるサービス内容の評価を継続しているかといえば、多くの会社はさほど熱心ではない。

ランニングコストは定期的に確認し見直す

イニシャルコスト	ランニングコスト
・システム開発費 ・ハードウエアなど製品の購入費	・保守費用 ・ソフトウエアの年間ライセンス料 ・クラウド利用料

イニシャルコストに目が行きがちだが…

**毎年発生する費用はバカにならない
コストを見直さず、同じ金額を支払い続けるケースが多い**

　ランニングコストと一口に行っても、さまざまな費目がある。まずは正しく内容を認識、整理することが肝要である。

　大別すると①ハードウエア（サーバーやネットワーク機器など）の保守費用、②ソフトウエア（OS、ミドルウエア、データベース、パッケージソフトなど）の保守費用、③ネットワーク費用、④データセンターなど施設の利用料、⑤クラウドサービスの利用料、⑥監視や障害時の受付窓口や一時切り分けなどのサービス費用、⑦電気代、などがある。

　上記のようなランニングコストが個別に、あるいはいくつかが統合され、様々な形式で毎月あるいは毎年といった単位で請求される。ランニングコストはいったん契約するとサービスを利用しなくても費用が発生する場合も多い。

　さらに契約内容や金額には「低めの上限」が設定されており、上限を超えてサービスを利用すると別途費用が発生することもある。ネットワーク料金などは数年たつと高速で安価な新サービスが売り出されたりするのだが、ベンダーから「お得な乗り換え」の話を提案してもらえるとは限らない。発注者から問い合わせない限り、そのまま古い契約が継続する場合のほうが多いだろう。

　ベンダーから積極的に話が来る場合はほとんどが「値上げ」のお願いだと思ったほうがよい。海外ベンダーも含めた競争の激しいクラウドサービスのような分野は、ベンダーが勝手に値下げしてくれて、ディスカウントメリットを黙っていても受け取ることができるが、こうした例は限定的である。

　またユーザー企業はランニングコストを調達時に契約で決めたままで放置すべきではない。IT部門を中心メンバーとして、**少なくとも1年に一度は契約内容と実際に利用あるいは提供されたサービスの量や内容を評価すること、つまり「ランニングコストの棚卸し」**をすべきである。きちんと棚卸しをすれば、1年では大きな差はなくても5年で見れば少なからぬコストを削減できる。

心得 53 「ITシステムはトラブルで止まる」のを前提に議論したほうが適切な投資額を決めやすい

　DXであれ従来型の業務システムであれ、「システムは停止してはならない」というのは、ユーザー、開発者を問わない基本認識だろう。計画されている保守作業などの意図的なものではなく、システムトラブルによる停止は許されないという話である。

　コストについて考えるとき、この問題を避けて通ることはできない。残念ながらトラブルによってシステムが停止するケースは少なくないのが現実だ。

　機械であるハードウエアの故障はゼロにできない。人が開発する以上、ソフトウエアも設計ミスやバグなどの不具合は発生する。システム運用もしかりで、人為的なミスや想定外の負荷は、どんなに注意していても起こるものだ。

　それでも、多くの企業がシステム停止をゼロに近づけるため、さまざまな障害対策を施している。ハードウエア障害による停止を防止するための多重化はその典型だろう。

　ITベンダーが提供する運用サービスでは、多重化や監視体制を強化し、SLA（サービスレベルアグリーメント＝サービスを契約するときにどの程度の品質で提供するかを定めた契約）の目標値として99.9％（スリーナイン）や99.99％（フォーナイン）といった数字が提案される。これは99.9％あるいは99.99％の稼働率を保証するという意味だ。

　もちろんシステムは停止しないほうが良いに決まっている。技術を駆使してスリーナインやフォーナインを実現するのも素晴らしい。だが、高額なコストを伴うのを忘れてはならない。

予算ありきでスペックを決めるのはよくない

「ITシステム計画や調達の際に、対象システムにはどこまで障害対策が必要なのか」「どれくらいなら止まっても大丈夫なのか」を社長は積極的に議論すべきだ。

官公庁や自治体、金融機関、鉄道・航空機などの交通機関、大企業の基幹系システムなど、万が一停止すれば広範かつ甚大な被害が発生するシステムがある。これらは「システムを止めない」議論が必須だろう。しかし、社外向けの新サービスであれ、社内向けの業務システムであれ、大半は**「ITシステムはトラブルで止まる」のを前提に議論したほうが適切な投資額を決めやすい（心得53）**はずだ。

ユーザーに話を聞くと「まあ2～3時間なら停止してもなんとかなる」というケースは多い。感覚的なままではダメ。システムを開発するITベンダーと議論して停止時間の許容範囲を固めるべきだ。

だが実際には「システムはトラブルで止まる」という前提ではあまり議論されていない。大抵の場合、ベンダーの提案したシステム構成が予算の範囲かどうかが論点になる。予算内だと「それで行こう」となり、予算オーバーだとハードウエアのスペックを落として予算範囲内に合わせる。

これは良いやり方とはいえない。あるべきシステム停止の許容範囲が反映されない可能性が高いからだ。予算に収まっていても、オーバースペックかもしれない。あるいは予算ありきでスペックを落とした結果、停止の許容範囲を超えているかもしれない。これでは本末転倒である。

「システムは止まる。止まっても一定時間は耐えられる」。これを明確にすれば、調達コストと運用負荷の軽減につながる。デジタルへの投資で押さえておくべきポイントだ。

運用負荷の軽減はユーザーだけでなく開発者にとってもメリットがある。ハイスペックのハードウエアを使ったシステムが必ずしも優れているわけではなく、身の丈に合ったシステムが総合的に見れば一番良い。

心得 54 根拠のない値引き要請は絶対に避ける

　デジタル投資、あるいは従来のIT投資のやり方は企業によって異なる。だがすべての会社に当てはまる「絶対にやってはダメ！」と断言できる最悪のやり方が1つある。

　根拠のない値引き要請だ。こんな購買ルールを聞かれたことはないだろうか。

　「当社は購買部が審査する際に必ず5％の値引き要求をする。この5％値引きをしないと購買部がOKを出さない」といったものだ。普通の常識的な会社に勤めている方々からすれば「こんなルールを持ち出す会社が本当にあるのか？」と疑問に思われるだろう。

　しかし、特別変わり者の社長が経営する会社だけのルールというわけではない。同じようなルールを設ける会社は何社も実在するのである。歴史のある古い重厚長大系の業種の会社に多い印象がある。

　さらにバカげているのが、値引きを見越した上乗せ調整である。「正

生産性ゼロの悪手！長年の習慣「値引きルール」

前提＝伝統の購買ルール

購買審査で5％値引き要求

← 生産性ゼロの駆け引き →

値引きしなければ却下！

対策＝見積もりに5％を上乗せ

発注部門
「ウチの購買は5％引けば文句言わないから5％乗っけて見積もり作って出して」

ベンダー
「あの会社は5％値引き原則だから先にその分乗せておこう」

式な見積書を作るときに正味の価格に5％乗せてくれ。そこから購買部が5％引くので、ちょうど本来の見積もり通りになるから」といった「大人の調整」が始まる。

本当にそんな調整をしてもよいのか半信半疑でいると「当社の購買部の仕事は見積もりから5％の値引き要求をするだけ。見積書の詳細な費目なんてチェックしない。値引きされたら満足で、それで審査終わり。楽な仕事だよね〜。まあ、昔からあるルールみたいなのでしかたがないんだよね」と言われる。

値引きが目的化し誰も価値を判断しない

この会社は経営者も購買部も、そして発注をかけるシステム部門やエンドユーザー部門といったシステム調達にかかわるすべての当事者が「昔からある5％値引きルール」に最終的な購入の意思決定を「丸投げ」しているのである。

経営者は「購買部がいつも5％値引き交渉しているから、コスト削減できている」と疑いもしない。購買部は「長年の伝統的な購買ルールを順守し、今日も値引きを達成し、会社に貢献できた」と満足する。発注部門は「面倒だけど5％乗せて出せば、購買部もベンダーも両者が納得できていいじゃないの」としたり顔で語る。

こんな無駄で価値のない「値引きの儀式」について撤廃や改善を考えようともしないのに、調達するシステムの導入目的が「業務上の無駄を省き、全社的な生産性の大幅な向上を図る」ということすらある。

DXに限らないが、企業のデジタル投資は調達段階では正しいかどうかはわからない。システムが本番稼働し、運用を開始してしばらくしてからでないと本当の評価はできない。

しかし、明らかな無駄なルールや悪手というものはある。これらを避けるだけでも、大きな違いが生まれる。**根拠のない値引き要請は絶対に避ける（心得54）。**

第 6 章 心得まとめ

心得44：DXにはデジタル投資が不可欠だが、調達段階で投資対効果を把握するのは難しい

心得45：社長は自社のデジタル投資に積極的に関与しなければならない

心得46：システム開発の目的を理解した上で投資額を決めるのは社長の仕事だ

心得47：デジタル投資の予算額を試算すべきである

心得48：デジタル投資には中長期的に業績を向上させる力がある

心得49：デジタル投資で最も悩むのは「いくらで」であるが、最も重要なのは「何を」だ

心得50：コストを抑制するために無駄なものはやめる、必要なものには適切に投資する、という二律を求める

心得51：複数の視点からデジタル投資額の適正基準を査定する

心得52：毎年継続して発生するITシステムのランニングコストを軽視してはならない

心得53：「ITシステムはトラブルで止まる」のを前提に議論したほうが適切な投資額を決めやすい

心得54：根拠のない値引き要請は絶対に避ける

RFPに関する心得

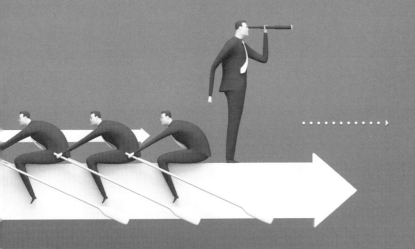

DXにかかわる投資の成功にRFPが大きな意味を持つ

ITシステムの調達の流れは基本的に以下のようになる。DXの時代には、社長もこの流れを知っておくべきである。

まずユーザーがRFPを作成し、発注先候補のベンダー各社に提示する。RFPを基にベンダーが提案書を作成・提出する。これをユーザーが評価して、発注先のベンダーを選定。さらに依頼内容を詰めて、契約書を締結する――。

RFPとはRequest For Proposalの頭文字3文字を取った言葉で、特にIT業界でよく使われる。日本語では「提案依頼書」と呼ばれる。ITシステムで何を実現したいかをまとめたものだ。

筆者は**DXにかかわる投資の成功にRFPが大きな意味を持つ（心得55）**と考えている。第6章ではその理由を含めRFPについて書いていく。社長からすると専門的だと思われるかもしれないが、必ず役に立つ内容なのでぜひ読んでいただきたい。

文字通り、RFPはシステムの調達を行う際に発注する側のユーザーがベンダーに対して、提案書と見積書の作成による提案を依頼する際に提示する文書を指す。ペラ1枚程度の儀式的な文書ではなく、発注側が今回の投資で実現したいこと（何をしたい）、想定している予算（いくらでしたい）、システムが稼働すべき時期（いつまでにしたい）を記載したものだ。一般的に20〜30ページ、大規模なシステムだと参考資料を含めると数百ページになることもある。

DXに伴うシステム開発でRFPを作成する場合は、特に**DXに取り組むことで経営や事業、業務において何をどのように変革をしたいのか、さらにどれくらいの投資対効果を期待しているのか**を書く。

それを書くためにはまず発注者側が自分達のやりたことを明確に定義しなければならない。本書でも何度か指摘したが、やりたいことがはっ

きりしていなければ何をやっても成功しない。

　さらに定義できたとして内容を正確に伝えることができなければ、ベンダーは適切に提案できない。**システム調達では発注者とベンダーという法人同士のコミュニケーションが重要であり、コミュニケーションのツールがRFPであり提案書だ**ととらえてほしい。

　RFPを書くのは面倒だ。それは否定しない。だがその手間をかけることで大きなメリットを得られる。

　会社として「手間をかけてでも、その手間を上回る利益を得よう」と決断するのは社長の仕事だ。社長が先頭に立ってDXに取り組む姿勢を見せることが社員の士気向上につながる。

　だから調達時には「きちんとソリューションやベンダーを評価しよう、そのためにRFPを作ろう」と社長が号令をかける。RFPを実際に作るのは社員の役目である。

ベンダー発の情報をまとめてもよいRFPはできない

　RFPを作る上で、社長が留意しなければいけない点がある。それは社員がRFPを書く場合、情報源の大半がベンダーだということだ。

　インターネットで調べる、セミナーや展示会に行って情報収集する、あるいは直接ベンダーの営業を呼んでカタログをもらったり説明を受け

RFPは目的の視点から作成する

手段の視点
・タブレットを使いたい
・スマホから入力できるシステムを導入したい

目的の視点
・客先移動時間を短縮し、滞在時間を増やしたい
・客先から在庫引き当てを行い、顧客満足度を高めたい

手段と目的の視点の違い

たりする。これらは基本的にベンダーが提供する情報である。この情報をベースにRFPを書くとこんな要求が出てきてしまうことがある。

・タブレット端末を導入したい
・スマートフォンから在庫データを閲覧できるパッケージシステムを導入したい

　一見、何の問題もないように見えるかもしれないが、これは要求というよりモノの指定に過ぎない。DXの本質的な目的は経営目標の達成や業務品質の向上のはずだ。であれば以下のようなものでなければならない。

・営業職の移動に要する時間を短縮し、客先滞在時間に振り替えたい
・客先滞在時にリアルタイムで在庫確認ができることで、顧客満足度を向上させたい

　これを実現するためにツールとしてタブレットを使うのである。だから目的をきちんと理解して書くと次のようになる。

・移動時間を短縮するためにいちいち帰社しなくてもタブレットから営業報告や受注エントリーができるようにする
・お客様先で商談中に在庫を引き当て、納期を確約することでお客様に利便性を提供する、そのためにスマホで在庫引き当てできるシステムを導入する

　このような**本質的な視点は、全社の中で社長が一番強く持っている。**社長がRFP作成を指示したり、出来上がったものをレビューしたりする際の**視点は常に「DXの目的は何か」**である。

心得 56 ｜ RFPや提案書によって発注者とITベンダーが互いに相手を理解し歩み寄ることができる

　たとえDXのための投資であろうと、ITシステムの開発現場は泥臭い。ユーザーと開発者はいろいろな場面でぶつかったり、すれ違ったりする。ここでは、買い手であるユーザーと売り手であるベンダーのギャップに焦点を当てて論じていきたい。両者の間で利害対立が発生しやすいのが「システム開発の見積もり」である。

　システム開発の費用はユーザーから見えにくい。人月いくらの世界は売り手都合の価格体系であり、根本的には納得していないまま、しかたなくユーザーは受け入れている面がある。

　ベンダーにとっても見積もりは難しく不確実なものである。いろいろな見積もり技法があるが、プロジェクトマネジメントをしくじれば机上の見積もりなど一発で吹き飛んでしまう。

　ユーザーはこう考える。「ベンダーの見積もりはリスクをたっぷり取ってふっかけてくるのではないか？」。

　一方のベンダーの心理はユーザーよりさらに複雑である。「リスクを織り込みたいのはやまやまだが、あまり高い価格だと競合に負けてしまう。自社が原因のリスクはしかたないが、ユーザー側のリスクは背負いきれないので見積もりに含めておきたい。提示価格から値下げを求められる可能性もある。それも考慮すべきか？」。

　こうして**互いに疑心暗鬼**になってくる。これを防ぐためにユーザーが予算の上限を提示するという方法があるが決定打とはいえない。「本当は8000万円でできるのに予算が1億円だから合わせてくるのではないか」という新たな疑念が生まれる可能性があるからだ。

　システム開発に限らないが、**売買の基本原理は「売り手はなるべく高く売りたい。買い手はできるだけ安く買いたい」**である。こうした基本原理がある以上、見積もりを巡る疑心暗鬼を完全になくすのは難しい。

見積もり技法がどんなに進化しても、システム設計やプログラミングを行うのが人である限り、リスクをなくすことはできない。どこかで折り合いをつけることが必要になる。

　折り合いをつけるための知恵として挙げられるのは複数提案の比較だ。ユーザーがRFPを書き、ベンダーがRFPを受けて提案書をつくる。

　そして、複数ベンダーの提案書を比較検討して最も納得がいったものを選定する。このプロセスを経れば疑心暗鬼にならずに済む可能性が高まる。

　もちろん、完璧に要求を記述したRFPの作成は不可能だし、要求を完全に満たす提案書もない。だが、時間と手間をかけて**RFPや提案書によって発注者とITベンダーが互いに相手を理解し歩み寄ることができる（心得56）**。その歩み寄りこそが、開発の正しいゴールを見つけるために必要ではないか。

心得57 デジタル投資が成功か失敗かの分岐点は、社長が「何をやりたいか」を明確にわかっているかどうかである

　筆者はコンサルティングの依頼を受けると、できるだけ社長にインタビューするようにしている。**インタビューで一番聞きたいことは、社長が「何をしたいのか」である。この質問はDXの時代、ますます重要になる**と思っている。

　「何をしたいのか」の例をいくつか挙げる。

・月次決算の数字をできるだけ早く把握し、意思決定を迅速にしたい
・原価管理をできるだけ正確にして、もうかる商品ともうからない商品を把握したい
・営業担当者別に売上高だけではなく、利益をどれだけ出しているかを知りたい

　もし、月次決算をできるだけ早く把握したいのであれば、ERP（統合基幹業務システム）などのパッケージソフトやクラウドサービスを導入することで、月次数値をその月の末日夜に出すのも可能になる。

　原価管理によって収益管理の改善を図りたいのであれば、ITシステムを刷新する前に管理会計の考え方を会社に浸透させることから始めるべきだ。管理会計の考え方に沿った原価管理のシステムを導入するのである。

　「何をやりたいか」が明確であればあるほど、早くソリューションの選定作業に入ることができる。逆に社長のやりたいことが決まっていないと、それを明確にする作業から始めなくてはならない。特に企業変革を目的とするDXや経営課題のような上位の問題・課題を解決するためには絶対に必要である。

　「高額な投資をしてシステムを刷新したのに、以前と何も変わらない」という愚痴を社長から聞くことがある。失敗するケースでは、おそらく社長が「何をしたいのか」を明確していなかったと思われる。

　デジタル投資が成功か失敗かの分岐点は社長が「何をやりたいか」を明確にわかっているかどうかである（心得57）。

社長のやりたいことが明確でないと 100%失敗する

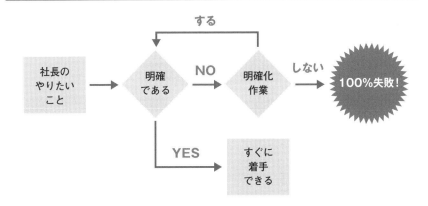

社長へのヒアリングはRFPの作成で必須の工程である

　社長インタビューの話を続ける。企業のデジタル投資にかかわる案件でRFP作成を支援する場合、インタビューで必ず尋ねることがある。会社の理念や経営戦略、決算状況、中期（3年程度）計画などを決算書や財務報告書、経営計画書などをかたわらに置き、適宜それらを参照しながら経営情報について質問する。

　ほとんどの社長はそのヒアリングの目的や意味を理解しているが、ときおり「デジタル投資、ITシステム導入に経営理念や決算書の話が必要なのか？」といぶかる社長もいる。そのような社長には「会社あるいは社長にとって、デジタルやITはどのようなものですか？」と質問する。

　するとほとんどの場合、「**デジタルは経営の道具にすぎない**」といった回答が返ってくる。この考え方は正しいと筆者も考える。

　同じモノを売る商売でも、あるいは同じサービスを提供するビジネスであっても、経営方針によって内容は異なる。だからこそ、道具で改善、改革する経営の姿を理解するために関連する情報を社長に質問するのだ。

同じ業種・業態でも方針で経営の実態は異なる

鞄の製造・販売業の例

リーズナブルで実用的なカバン	重要成功要因は異なる	高級ハンドメイドのカバン
・製造コスト削減 ・機械による効率化 ・問屋などの販売網		・貴重な原材料の入手 ・熟練した職人の確保 ・ブランドイメージ

例えば、カバンを製造・販売する会社があったとする。リーズナブルで実用的なものを作る会社であれば、製造コストを抑え、安定的に製品供給ができることが重要だ。一方で超高級のハンドメイドのカバンを製造・販売する会社であれば、貴重な原材料の入手、職人の確保、百貨店などの高級品を扱うバイヤーとの商流構築、そしてブランドイメージを高めるためのマーケティングが大事である。

同じカバンという商品を作って売る企業でも、**経営思想によってやり方が大きく異なる。経営や事業あるいは現場の仕事を支えるデジタルのあり方もまた大きく異なる。**

だからこそ、社長がどのような考えで経営しているのか、さらに新システムが稼働し運用を行う近い将来の経営計画や事業目標はどのようなものかを理解し、それをRFPに記載して、ITベンダーにも理解してもらう必要がある。**社長へのヒアリングはRFPの作成で必須の工程である（心得58）。**

心得 59 RFPは社長の意思決定の迅速化に貢献する

ビジネスにおいて意思決定のスピードは非常に重要であり、どれだけ迅速に意思決定ができるかで勝敗が決まる。意思決定のスピードの重要性は、DX関連の調達にもそのまま当てはまる。

デジタル投資、ITシステム開発のコストは少額ではない。ITシステム調達は経営にインパクトのある大きな金額を投資する場であり、重大な判断だからこそ経営者は迷って当然かもしれない。

しかし、**最終決定者である社長が迷って決断を遅らせていると、時機を逸する。**社員がどれだけ頑張って効率的に業務を進めたとしても、社長決裁がボトルネックになっては元も子もない。

社長の迅速な決断を促すものは何か？　それはRFPと提案書である。

きちんと「何を変革したいか」が記述され、予算や納期も記載された RFP を提示し、それに的確に応える提案書であれば、社長も決断しやすい。

　一方、RFP を書かずに IT ベンダー任せの提案書を受け取ったとしたらどうだろうか？　そのような**一方通行の提案書は、発注側に評価軸がないので、評価が難しい。いや、正しく評価できない**といったほうが正確だろう。提案内容を正しく評価できないので、いきおい金額だけの評価になってしまう。

　時間をかけて悩んだ揚げ句、一番金額の安い提案を選択する。それとて根拠がないので「万が一、失敗したときに一番被害が少なくて済むように」という本来の投資目的とはかけ離れた消極的な理由で選んでしまいがちだ。そのような消極的な選択がうまくいくはずはない。

　社長の仕事は「決める」ことだ。それも速さが求められる。といって根拠もなくただ早く決断するのはサイコロを振って決めるのとなんら変わりはない。

　ある根拠なり仮説なりを持った上で、迅速に意思決定するためには、やはり情報やデータが有効だ。調達においては RFP と提案書がその情報源になる。だからこそ良い提案書を獲得することが必要であり、良い提案書を得るためには RFP をきちんと書くべきだ。

　RFP は社長の意思決定の迅速化に貢献する（心得59）。

心得 60　RFP を提示するベンダーは4社以内に絞る

　筆者が RFP の作成や IT ベンダー選定のコンサルティングを実施する際、発注者には**RFP を提示するベンダーは4社以内に絞る（心得60）**よう依頼している。DX だからということで新顔を含めていろいろな提案を見たいと思うかもしれないが、待ってほしい。

　4社以内に絞るのには2つの意味がある。**1つは発注者自身にきちんとベンダーを選定してもらうためだ。**

　「提案書は本編30ページ以内＋別紙は自由」と指定したとする。発注側で本編だけを評価するような仕組みにしたとしても、4社合計で120ページを読まなければならない。

　もし10社ならば300ページを読んで評価することになる。別紙を合わせると100ページ超の提案書もざらなので、すべてに目を通すとなると調達担当者は気が遠くなる。提案書を飛ばし読みすることになる。

　わざわざRFPを作成して、多くのベンダーから提案を集めたのに、飛ばし読みでは本末転倒だ。現実的に発注者が提案書を読み込んで評価できるのは3～4社である。

　もう1つの理由は、勝ち目のない案件のために提案書を作るベンダーの無駄をなくすためだ。RFPに対する提案書作成にかかる労力は大きい。

　仮に提案書作成期間が2週間とすれば、少なく見積もっても営業1人とSE2人がかかりきりになる。そこにレビューなどが入ると、人月で計算して百万円単位のコストが発生する。

　10社が提案しても勝つのは1社で、残り9社の提案書作成労力と費用は報われない。**無駄となったコストは回り回ってどこかのユーザー企業が支払う。**ニーズに合わないと判断したらなるべく早くその旨をベンダーに伝えるべきだ。**コンペの雰囲気を盛り上げるために頭数をそろえて提案させるのは発注者のわがままである。**

　「RFP提示前ですが、今回はお引き取りを」と告げると「なんとか提案書だけでも出させてほしい」と食い下がるベンダーもいるが、きちんと説明して断るのがベンダーに対するマナーである。コンペは勝つ可能性のあるベンダーだけで行うべきだ。

　RFPを渡すベンダーの絞り込みに有効なのは、RFI（情報提供依頼書）を出して、ベンダーと面談することだ。RFIはRFPとは異なり、数枚程度の分量でよい。

発注者側が計画しているシステムの概略を伝えるとともに、ベンダーに対し、どんなソリューションを持っているか、業務知識や経験はあるか、時期的に人が出せるかなどを情報交換する。RFIに限定した簡略な秘密保持契約を結んで少し突っ込んだ意見交換をすればなおよいだろう。

　発注者としては概算費用の情報を得るのがRFIの主目的の1つだが、ベンダーはその金額が「独り歩き」したり、「高い」と思われたりするのを嫌うため、簡単には出してくれない。「RFI段階での金額は審査に一切関係ない」と約束し、誠実に守るのと引き換えに算出してもらうよう交渉しよう。

　最後に恐縮だが、イントリーグでは簡単なパラメーター入力で基幹システムの概算費用を計算する「えいやdeいくら」というサービスを作成し、試験的に公開している（http://www.intrigue.co.jp/eiya-kun.html）。何かの折に試してもらえれば幸いだ。

第7章 心得まとめ

心得55： DXにかかわる投資の成功にRFPが大きな意味を持つ

心得56： RFPや提案書によって発注者とITベンダーが互いに相手を理解し歩み寄ることができる

心得57： デジタル投資が成功か失敗かの分岐点は、社長が「何をやりたいか」を明確にわかっているかどうかである

心得58： 社長へのヒアリングはRFPの作成で必須の工程である

心得59： RFPは社長の意思決定の迅速化に貢献する

心得60： RFPを提示するベンダーは4社以内に絞る

ITシステム開発に関する心得

社長はDXにかかわる企画や調達、マネジメント、運用などの意思決定を社員に「丸投げ」してはならない

　DXに伴うITシステム開発プロジェクトがあったとして、成功の確率はどの程度だかご存じだろうか。

　成功の条件を当初計画のコスト、スケジュール、スコープ（期待していた機能）をほぼ予定通りに実現したことだとすると、これを満たすシステム開発プロジェクトは全体の30%程度だといわれる。**これを成功とすると約70%のプロジェクトは失敗になる。**

　当然だがプロジェクトは失敗するより成功したほうがいい。第8章では、実際のITシステム開発プロジェクトで少しでも失敗を減らすために社長が知っておくべきことについて触れていく。システム開発が失敗する理由はいくつもあるが、筆者が特に問題だと考えるのがプロジェクトのさまざまな段階で繰り返される「丸投げ」だ。

　丸投げは珍しいことではない。特にデジタルやIT部門を「金食い虫」と見て、社長にデジタルを積極活用し、DXによる経営改革で成果を上げようという能力も気力も知識もない企業では、**必ずといっていいほど**

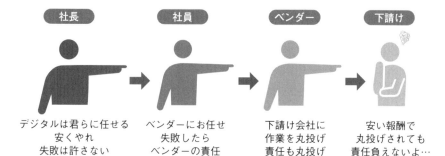

社員に丸投げすると、丸投げの連鎖が生じる

社長	社員	ベンダー	下請け
デジタルは君らに任せる 安くやれ 失敗は許さない	ベンダーにお任せ 失敗したら ベンダーの責任	下請け会社に 作業を丸投げ 責任も丸投げ	安い報酬で 丸投げされても 責任負えないよ…

**まず社長がIT部門などの社員にデジタル化やITシステムの企画を「丸
投げ」する。**

「経営会議でDXをやらない会社は衰退するという話が出た。とりあ
えずDXに取り組め」などといった調子でIT部門に丸投げの指示を出す。
経営者から丸投げされたIT部門は何をするかというと、取引のあるIT
ベンダーに「何かDXに関する情報はないか？」と資料請求したりセミ
ナーに参加したりする。

ところがDXはまだ定義が明確な概念ではない。たいていの場合「よ
くわからない」状態に陥る。当然だろう。経営者からは経営戦略や事業
課題を示されずに「とりあえずDXをやれ」と言われ、多くのITベンダー
も「右へならえ」でAIやIoT、ブロックチェーンなどの流行の技術をか
き集めただけでDXと称している状況だ。こんな状況でIT部門がDXを
推進できるわけがない。

そのような立場のIT部門が次に取る方策は1つしかない。具体的な経
営や事業の方針が固まっていなくても、**経営者の指示に応えるためにと
りあえず提案と見積もりをベンダーに丸投げする**のである。

発注者から丸投げされたベンダーは「ビジネスチャンス到来！」と喜
ぶかというとそうでもない。ひと昔前であれば「カモがネギしょってやっ
て来た」と欣喜雀躍したかもしれないが今は状況が違う。ベンダーも人
手不足にあえいでいる。特にAIやブロックチェーンといった旬の技術
のエンジニアは奪い合いの状況だ。

こんな状況で発注者からあいまいな提案と見積もりの依頼が来ても困
る。しかし依頼に対して回答しないわけにはいかないので、当たり障り
のない一般的な提案と超概算の見積もりを出すことになる。

DXのコンサルタントや技術者は貴重なリソースなので、単価は高い。
**またあいまいな要求はリスクが多いため、見積もる場合はたっぷりとリ
スクヘッジを取るので、超概算見積もりは超高額となる。**

高額の見積もりを見て発注側の社長は「高い！　高すぎる。もっと安
くならないのか」と吠える。すると次はIT部門がベンダーに対して「社

長が高いと言っている。もっと安くならないか?」となる。

　ベンダーとしてはただ安くしろと言われても簡単には応じられないので、何をしたいのかを具体的に提示してほしいと返す。IT部門はベンダーの返しを経営者にそのまま伝えることはできないし、伝えても何も具体的な指示はなく怒られるだけなので、ベンダーにこう相談する。

　「何か他社事例で良いものはないですか?　できれば予算はこれくらいの事例があるといいのですが」

　こうして自社で要件をきちんと考えず、何の根拠もない予算枠ありきの「丸投げDX」のプロジェクトが生まれる。丸投げで始まったプロジェクトは開発の現場でも丸投げが連鎖する。社長から社員へ、社員からベンダーへ、ベンダーが下請け会社を利用する場合はさらに下請けへ、と作業と責任が丸投げされる。当然のことだがこんなやり方でつくったシステムは稼働後に「貢献度が低い」「コスト削減要素が多い」と批判される。まさに悪循環だ。その始まりはやはり経営者の意識の低さである。

　社長はDXにかかわる企画や調達、マネジメント、運用などの意思決定を社員に「丸投げ」してはならない(心得61)。

心得 62 　社長が先頭に立って社員やベンダーにDXに関しての当事者意識を示す

　丸投げの問題について続ける。もしDXに伴うITシステムの導入が失敗したとしても、前節で述べたような事態が頻発しているのだから、原因はITベンダーの力量不足だけだとはいえない。発注者側の丸投げ体質が根本原因だと考えるべきだ。

　例えてみれば、レストランに行って、「なんでもいいから安くてうまいもの食わせろ、味付けも特に好みはない」と注文したのに、出てきた料理を食べて「今日は魚の気分じゃなかったのに」「ハンバーグならチーズをトッピングしてくれないと」「血圧高めだからもっと塩分控えても

らいたかった」などと文句を言うのと同じである。素材や調理方法まで こと細かに指示する必要はないが、ある程度食べたいものや好みの味付けを伝えたほうがおいしいものにありつけるのは当然のことだ。ITの発注も同じである。

　大事なのは、発注者がDXは自分たちが対処し解決すべきであるという当事者意識を持つことだ。当事者意識の対極にあるのが丸投げである。他人任せ、無関心、無責任。このような姿勢で成功するわけがない。

　だから社長が先頭に立って社員やベンダーにDXに関しての当事者意識を示す（心得62）べきだ。細かな指示命令や作業をしろというわけではない。

　目指す方向を伝え、できる限り優秀な社員をプロジェクトマネジャーに据え、そして自身はプロジェクトオーナーとなって、プロマネを支える。打ち合わせにもできるだけ顔を出す。そして最終責任を負うことを自覚し、社員にも伝える。

　社長がこの姿勢と覚悟を見せたら、社員はベンダーに丸投げすることはなくなる。

心得 63 DXにかかわるシステム開発では「仕事をこう変革する」「新しいやり方をこうつくる」、いわば変革を定義する

　調達フェーズでITベンダーが決まり、契約が取り交わされると、ITシステム開発の最初の作業である要件定義が始まる。業務の観点からシステムに必要な仕様やフローを検討し、ユーザーとベンダーの双方で「このようにシステム化する」と定義し、合意する。合意内容は要件定義書に記載される。

　システム開発が伴えば、DXのプロジェクトでも要件定義に取り組む。DXにおいて要件定義はより重要である。

　一般的なシステム開発では端的に言えば「業務をこうシステム化す

る」、いわゆる業務要件を定義する。これに対して**DXにかかわるシステム開発では「仕事をこう変革する」「新しいやり方をこうつくる」、いわば変革を定義する（心得63）**内容になる。

　DXのシステム開発だと従来のウオーターフォールではなく、アジャイルという開発手法を使う場合も多い。アジャイルとは「素早い、機敏な」という意味だ。ウオーターフォールによる開発が全体を定義・設計・開発・テストの順に進めていくのに対して、アジャイル開発は小さな機能単位に短いサイクルで定義・設計・開発・テストを何度も繰り返す。

　アジャイル開発であっても最初にある程度要件定義は固めておくほうが良いし、また短いサイクルの中で要件定義を繰り返すので、その重要性は変わらない。

　変革には試行錯誤がつきものであり、新たなチャレンジなのだからプロジェクトの途中で改善点が見つかることもある。発注者であるユーザーもベンダーも同じ認識を持ち、失敗した場合や改善点が見つかった場合にどうするかを合意しておくことも重要なポイントとなる。

　変革の要件を定義するDXのプロジェクトでは、より一層ユーザーの責任と役割が大きくなる。ベンダーは定義書という文書の作成支援と、ユーザーが要件を決めやすくするためのファシリテーションなら実施できるが、業務内容を最終的にはコミットできない。

　要件定義は発注者の作業であるべきだが、実際にはベンダーに多くを頼っている現場が少なくない。ユーザーに「要件定義書」を作るスキルが不足しているからだ。

　要件定義そのものと要件定義書というドキュメントを作成することを混同してはならない。**要件を決定できるのは当事者であるユーザーだけだ。**

　ベンダーがユーザーの変革を定義することなどありえない。知識と経験のあるベンダーやコンサルタントが助言するのは大いに結構であるし、ユーザーがそれを期待し、受け入れることも問題はない。

　ただし、あくまで決めるのはユーザーである。ユーザー内で迷って決

められない場合には、社長が決めるか、あるいは決めるべき社員に決断を促すかのどちらかが必要だ。

 ## 心得 64 DX関連のプロジェクトで過度の実績主義は禁物である

　独自の経営戦略を持たず、業界標準的な経営でよしとする企業がずっと使ってきたITシステムを再構築する場合は、実績重視は堅実な調達戦略となる。業界経験豊富なITベンダーを選べば、いちいち業務や業界常識を教えなくて済むし、同業他社の先進的な事例なども紹介してもらえるかもしれない。

　しかし、DXを他社より先んじて仕掛け、競争優位を築こうとする野心的な企業には物足りない。「先にやる、独自にやる」ことに価値があるとすれば同業他社の二番煎じでは意味がない。むしろベンチャーや、他業種での実績・経験のあるITベンダーと組んで変革にチャレンジすることも検討すべきだ。

　もっと問題なのは、システム開発に限らず、「実績重視」は調達担当者が真剣に考え抜いた評価項目ではなく、単に前例を踏襲しているだけの可能性があるからだ。減点主義の組織の論理は「実績のない新規取引先に発注して失敗したら大問題だが、実績豊富な大手が失敗したのならしかたがない」というものだからだ。

　実績重視は、失敗したときに責任を「丸投げ」するための言い訳にもなる。**DX関連のプロジェクトで過度の実績主義は禁物である（心得64）。**

　そこで問われるのが社長の意識だ。社長が実績主義、前例主義なら社員は「右へならえ」である。社長を筆頭に発注者側に「目利き」の能力があるかどうかも成功を占う重要な要因となる。優良なベンダーを見つけても、すべてを「丸投げ」するのではなく、あくまで発注者が主体的

にベンダーをコントロールし、有効活用する気構えがなければDXの成功などおぼつかない。

現場にすべてを丸投げしていると、トラブルが生じた場合、後手に回る危険性が高い

すでに実施している政策やプロジェクトを中止する、あるいは大きく方向転換する意思決定はタイミングが難しい。DXにかかわるITシステム開発も同様である。以下、どういった事態が起こるのか例を示そう。

第1段階：要件定義のフェーズが終わり、要件定義書は一応作成されたが、発注者もベンダーも何かモヤモヤした状態だ。にもかかわらず誰も声をあげずスケジュール優先で次フェーズになし崩し的に進むことになった。

第2段階：結合テストの段階でベンダーからの報告によるとすでに1カ月の遅延が発生している。マスタースケジュールでは本番稼働まで残り3カ月。ベンダーのプロジェクトマネジャーは「なんとかします」を繰り返す。発注者側は不安を感じながらも、アクションを起こせないまま、突貫工事状態となる。

第3段階：エンドユーザー参加の受け入れテストでバグや仕様への不満が続出。ベンダーは毎日のようにバグ修正を行うが、もぐらたたきの状態が続く。それ以上にエンドユーザーから仕様の変更や追加の要求の声が大きい。

システム開発の教科書的に言えば、第1段階できちんと対応しなければならない。この段階で手を打てれば傷は浅くて済む。

放置したままで第2段階に進むと弊害が如実に表れる。それでもまだこの段階でスケジュール変更なり、追加投資なりの対処策を実行すれば、

深手にはなるだろうが致命傷にはならない。

第3段階までいくと予定通りの本番稼働が無理どころか、大事件となる。最低でも大幅なスケジュール延期と追加費用の発生は避けられない。最悪の場合には発注者とベンダー間で訴訟に発展するケースもある。

炎上しただけで終わらず、社内から「なぜもっと早く手を打たなかったのか？」「プロジェクトマネジャーは何をやっていたのか？」と批判の嵐になる。

わかっていてもプロジェクトの流れは変えられない

しかし、いったんプロジェクトがスタートし、プロジェクトメンバーとなって渦中にいれば、わかっていても簡単に流れは変えられない。プロジェクトメンバーが公務員や会社員といった宮仕えの身であれば、仕事のミスは上司にバレる前になんとか自分たちでリカバリーしようという心理が働く。仮に早期にリスクを訴えたとしても「まだ十分に時間があるだろう。現場でなんとかしなさい。それでダメならまた相談して」となりがちだ。同調圧力の強い日本では誰も言い出しっぺになりたがらない。

だからこそ、プロジェクトオーナー、ステアリングコミッティー、PMO（プロジェクトマネジメントオフィス）という役割が重要である。**現場にすべてを丸投げしていると、トラブルが生じた場合、後手に回る危険性が高い（心得65）。**

そうした状況に陥るのは**プロジェクトメンバーが無能だからではない。むしろ真面目で責任感が強いからギリギリまで自分たちでなんとかしようと考え、無理をする。**そして希望的観測に頼る。

「社運を賭けたDX」などと威勢のいいことを言いながら、**問題が起きると結果責任をすべて現場に丸投げするような社長こそが無能なの**だ。プロジェクトオーナーやステアリングコミッティーが役割を果たせば、多少のトラブルはあっても、プロジェクトが大炎上することはまず

ない。社長はそのことを強く認識すべきだ。

心得 66 「カネさえ出せば、DXはベンダーが何とかして くれる」という幻想は捨てる

「デジタル投資で最も悩むのは『いくらで』であるが、最も重要なのは『何を』だ（心得49）」でも述べたが「何を、いくらで、いつまでに」はITシステム開発をITベンダーに発注する際に、発注者であるユーザー企業が提示すべき最も基本的な情報である。

これまでは3つの中でも「何を」と「いくらで」が発注者にとってもベンダーにとっても重要度が高く、「いつまでに」は若干プライオリティーが低い感じがあった。ところが最近では「いつまでに」の重要度が増しており、他の2つに並んだか、場合によっては優先順位が高い場合さえある。

「いつまでに＝納期」をもう少し詳しく考えよう。発注者が希望する

**エンジニア不足が原因で、
ITシステム開発のいつまでに＝納期の難易度が上がっている**

DX案件は増えているが
ITエンジニアは不足

リスクの高い案件は無理せず辞退

割に合わない案件　　　わがままな顧客

本番稼働時期があり、そこから想定される構築期間を逆算して、システム開発プロジェクトのスタート時期を決めるというやり方がある。例えば、本番稼働時期が2022年9月で、システム開発期間を1年前後とすれば、キックオフを2021年10月に設定すればよい。

　「それならば2021年6月から9月までの3カ月で調達活動をして9月中に依頼するベンダーを決定すればよい」と考えがちだが、このスケジュールではベンダーがプロジェクト要員の確保を約束できない可能性が高い。直前に言われても人的リソースは用意できないのだ。

　IT業界は仕事量＞人手の状態が続いている慢性的な人手不足である。「働き方改革」の浸透も無視はできない。ゆとりを持った業務アサインはベンダーの経営者にとって最優先の課題となっている。

　発注者が「仕事を出してやるのだから、こちらの希望通りに始めてくれるだろう」と安易に考えてもそうはいかない。これまでのシステム開発よりも高度で幅広い知識や経験が求められるDXであればなおさらだ。**「カネさえ出せば、DXはベンダーが何とかしてくれる」という幻想は捨てる（心得66）べきである。**

　DXに関してベンダーと面談する際には必ず発注者は自社が想定しているプロジェクトの概要を示したうえで、「2021年9月からプロジェクトを開始したいと考えているが、その時期に要員のアサインは可能か？」と質問すべきである。DX推進の最大のネックは人的リソースである。

心得 67　プロジェクトを成功させるための戦法は「逃げ切り」につきる

　筆者の趣味は競馬である。DXにも関係ある話なので、少しお付き合いいただきたい。競馬にはいくつかの戦法がある。逃げ切り、好位差し、まくり、最後方からの追い込みなどだ。

　逃げ切りは、スタートから先頭に立ってそのままゴールイン。好位差

しは3番手くらいにつけて最後にサッと抜け出して勝つ。まくりは、前半は後方に控えレース中盤から外を回って一気に先頭に立ち、ゴールになだれ込む。そして追い込みは、ラストの直線まで一番後ろを走り、最後に爆発的にスパートしてゴボウ抜きという豪快な勝ち方だ。

　追い込みは、有名な競走馬でいうとディープインパクトやゴールドシップの戦法。この勝ち方は最高にカッコいいが、DXに限らずITシステム開発では絶対にありえない戦法だ。

　「社長はDXにかかわる企画や調達、マネジメント、運用などの意思決定を社員に『丸投げ』してはならない（心得61）」で触れたように、**システム開発における成功プロジェクトの割合は30％程度といわれる。プロジェクトを成功させるための戦法は「逃げ切り」につきる（心得67）**。感覚的には、成功プロジェクトの割合は、逃げ切りが75％、好位差しが20％、まくりが5％程度で、追い込みはゼロだろう。

　失敗プロジェクトのパターンは、スタートダッシュができず、出遅れて調子が上がらないまま時間が経過し、日に日に焦りを感じながらも有効な手を打てず、**遅延が遅延を呼ぶ悪循環にはまっていく**形が大半だ。プロジェクトのキックオフから約10％の時間、1年のプロジェクトなら1カ月、3カ月なら1週間のスタートダッシュが重要である。最初から10％のスケジュール遅延を抱えるとリカバリーは非常に難しい。

　だが、スタートダッシュは簡単ではない。ユーザーと開発者の間にあるさまざまなギャップによって出足が鈍るからだ。

　例えば、相手がリーダーシップを取ってくれると考え、双方が「お見合い」をしてしまう。ユーザーは「ベンダーはシステム開発のプロだし、高い金を払っているのだから積極的にキックオフ会議を仕切ってくれるだろう」と思う。

　一方のベンダーは「スタートしたばかりで、ユーザーの社内状況が分からないし、出しゃばって相手の意向に反してもよくない。まずはユーザーからの指示を待とう」と考える。こうして互いに動けず、1〜2週間を無駄にする。

　あるいは、ベンダーからユーザーに依頼する際に、本当は期限厳守が必須の事項なのに「できれば来週中に提出してもらえるとありがたいのだが…」と遠慮して頼んでしまう。これではユーザーは「来週中が必須ではないようだから、時間があればやっておくか」になる。

　このような受け取り方をした場合、すぐやらないほうが多いだろう。「プロジェクト初期の慣れないうちにあまり強く要求するのはちょっと…」というのは人情だが、「来週の何日の何時までに必ず」といった形で依頼すべきだ。遠慮は遅延を生む。遠慮のツケがプロジェクトの終盤に現れ、深夜残業を繰り返してもリカバリーできなくなる。

　プロジェクト初期の小さな遅延を先送りせずに、むしろ前倒しでやるのが成功への道である。そのために社長はキックオフ会議などに出席し、ベンダー側の遠慮が見えたなら「どんどん遠慮せずやってくれ、社員もベンダーの言うことをきちんと聞くように」とはっぱをかけよう。それだけでもだいぶ違うものだ。

心得 68 DX関連でも従来型のシステム開発でも、契約の重要性に変わりはない

　ITシステムの開発契約書の締結段階で、発注者であるユーザーは契約書の中身をきちん確認しているだろうか。ビジネス上の基本行為だから、**DX関連でも従来型のシステム開発でも、契約の重要性に変わりはない（心得68）。**

　「当然だ」と言われるかもしれないが、疑問に感じる状況にしばしば出くわす。システム導入のユーザー側の中心的役割を果たすプロジェクトマネジャーやリーダーが契約書をろくに読まず、法務部門などに精査を「丸投げ」しているケースが散見されるからだ。

　法律の専門知識を持つ法務部門や顧問弁護士が契約書をチェックするのは法人の契約での必須事項である。しかし、実際にプロジェクトを行

う者が契約内容を正確に把握しないまま「法務がOKしたからこれでよし」として、プロジェクトを進めるのはいかがなものか。

　システムの受託開発や保守契約などの契約書はほとんどの場合、ITベンダーが提示する。ベンダーが作成した契約の内容は、当然ながら多くの場合、自分たちに有利な内容になっている。

　ただしシステム開発に関しては、ベンダーが提示した契約内容を一切の議論の余地なく契約させるケースはあまりない。最初に草案またはひな形という名称で契約書を発注者であるユーザー企業に提示し、ユーザーは内容をチェックして、自社に明らかな不利がないかどうかをチェックする。

　プロジェクトマネジャーは法務部門などと一緒に契約内容を精読し、自社に明らかな不利がある場合は、是正をベンダーと協議すべきである。法務部門は法律や社内規則的に問題はないか、万一の場合のリスクはどうかをチェックする。

　プロジェクトマネジャーは契約内容がプロジェクトに適しているかを見る。それぞれの役割で果たすべきチェックを行わなくてはならない。

　不利がある場合は是正を求める。ベンダーが受け入れるか、拒否するか、さらに協議して妥協点を見つけるか、のいずれかを選んで双方合意の上で締結となる。契約内容に関するやり取りは、法務部門があればそこが、なければIT部門が担う。

　IT部門に求められるのは、契約内容を理解してシステム開発のプロジェクトに備えることだ。プロジェクトが実施されれば、どんなに順調なプロジェクトでも必ず発注側とベンダー側の利害が相反する事態が発生する。頻繁かつ重大なテーマで発生すると、失敗プロジェクトへの道を進むことになる。

「話し合いの解決」が理想だが

　利害相反の事態は、できることなら話し合いで解決すべきである。話

し合いで決着がつかない場合、契約内容の確認になる。

　ここで**発注者が気をつけなければならない点が2つある。**

　1つ目は「**融通**」だ。日本のベンダーが相手であれば、多少の無茶な交渉や契約内容外の内容に関しても商習慣の範囲ということでやってもらえる場合もある。

　相手が外資系ベンダーだとはこうはいかない。「外資系は融通が利かない」という不満をしばしば聞くが、本来は契約内容に従うのがビジネスとしては正しい。だからこそ、契約内容を把握する必要がある。

　もう1つは「**エンドユーザーのゴネ**」である。現場のエンドユーザーはベンダーとの契約内容を知らないし、無関心である。

　「新システムで改善してほしい点を出してくれ」「テストして気になる点を指摘してくれ」と言われて参加するので、自分の業務範囲の仕様や機能に関する意見を出すのは当然だ。しかし往々にして過大な要求となって、契約範囲を大幅に超えてしまう。

　これを抑えるのはユーザー企業の役割だ。しっかりと契約内容をベンダーと議論し、決まった内容は理解しなければならない。

開発フェーズのトラブルでも契約内容の理解が役に立つ

　契約内容の理解は調達フェーズだけではなく、開発フェーズでも武器になる。システム開発のプロジェクトはどんなに順調でも、必ずと言ってよいほどユーザーとベンダーが利害相反する事態が発生するものだ。

　軽微な相反やプロジェクトの初期で時間的余裕があるケースなら、ほとんどは進捗会議などで議論すればすぐに片がつく。しかし大幅なコスト増になりかねなかったりプロジェクト終盤に問題が起こったりした場合は、双方に緊張感が走り、話し合いも簡単にはまとまらない。そのときに契約内容が頭に入っているかどうかで結果に大きな差が生まれる。

　もめたときに大切なのは、双方が感情的にならず、契約内容を正しく把握した上で論理的に話し合って解決することだ。**話し合いを多少なり**

とも自社に有利に展開したいのであれば、相手以上に契約内容を理解し、内容解釈の余地や交渉の限界点などを念頭に置いて交渉するのが重要だ。

少し前までは、カネを出す発注者が力関係では上で、ゴネれば多少の無茶をベンダーに飲ませられたかもしれない。だがIT業界の人手不足が深刻化している今ではそうはいかない。「ゴネ得」狙いの客の仕事をする人的リソースも時間もない、というのがベンダーの本音だ。

社長は契約締結を最終決断する前に契約書の内容をプロジェクトマネジャーと法務の双方が本当にきちんとチェックし、問題がないと確認したかどうか、問わなければならない。

心得 69　システム開発は発注者であるユーザーと開発者であるITベンダーの共同作業である

ITシステム開発で失敗が多く、DXもIT活用も進みそうにない企業を見抜く方法がある。発注者であるユーザーとシステム開発を担当するエンジニアのそれぞれに、相手のことを聞いてみればよい。すぐに悪口が出てくるはずだ。

ユーザーの言い分はこうである。「システムの連中は人間よりパソコンの好きなオタクばかりだ。それに業務をまったくわかっていない。何かと言うと『できません』の一つ覚えだ」。

開発者も黙ってはいない。「ユーザーはわがままだ。ITのことなんかこれっぽっちもわかっていない。無茶な要求を連発し、出来上がったシステムにはいつも文句ばかり言う」。

このような関係でうまくいくはずがない。当たり前のことだが、**システム開発は発注者であるユーザーと開発者であるITベンダーの共同作業である（心得69）。**さらに言えば、実際に業務で利用するユーザーが当事者意識を持ってプロジェクトに参加しなければ、良いシステムはつ

くれない。

　ユーザーと開発者の関係が良好であれば仕事はしやすいのだが、お互いに腹の中で「いけすかない連中と一緒に仕事をするのは嫌だな」と思っていると成果を得るのが難しくなる。システム開発プロジェクト失敗の可能性は高まる。

　ユーザーからすれば自分たちは顧客なのだから、ベンダーが歩み寄るのが当然だと思うかもしれないが、責任を押し付けても相手がその気にならなければプロジェクトは進まない。ベンダーも人である。誠意ある対応を心がけるべきだ。

　ベンダーとしっくりといかないユーザーは、コミュニケーションの初歩的なミスでつまらない行き違いをしていないだろうか。開発者の仕事で最も大事なのは「コミュニケーションスキル」であるといっても過言ではない。

　開発者とユーザーが尊敬し合う関係を築くことが、システム開発の最大の成功要因だと改めて認識してほしい。ところで社長は自分の会社のユーザーと開発者がどのような関係なのかご存じだろうか？

心得 70　部分最適の要求を、会社や部門の全体最適の観点から取捨選択するのは管理職の役割である

　さまざまな分野で日本の生産性の低さが問題となっている。**本来ならDXはこの問題解決の切り札になり得る**のだが、DXを支えるはずのITシステムの開発現場でも生産性の低さは深刻な問題だ。

　システム開発の**生産性が低い原因の1つに「部分最適の積み上げ」**がある。これは発注者であるユーザー企業に責任がある。

　次から次へとやりたいことを希望しているとアドオンだらけ、カスタマイズだらけのパッチワークのようなシステムになってしまう。開発コストも高くなるし、運用保守も複雑になる。エンドユーザーが希望した

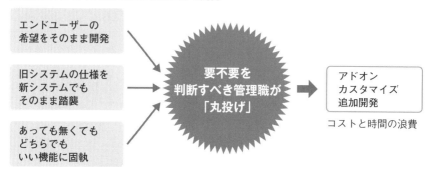

日本のシステム開発の生産性が低い理由

全体最適ではなく、部分最適の積み上げで開発

エンドユーザーの
希望をそのまま開発

旧システムの仕様を
新システムでも
そのまま踏襲

あっても無くても
どちらでも
いい機能に固執

要不要を
判断すべき管理職が
「丸投げ」

アドオン
カスタマイズ
追加開発

コストと時間の浪費

機能が頻繁に使われるならまだしも、運用してみたらほとんど使われないといったことも少なくない。

ただし発注者に責任があるといっても、現場のエンドユーザーが悪いわけではない。特に要求を多く出すエンドユーザーは業務に精通した現行システムのヘビーユーザーであり、現行の問題点を洗い出し、改善案を持っているからだ。

エンドユーザーは自分の業務の範囲で部分最適の要求をどんどん出せばいい。エンドユーザーが洗い出した**部分最適の要求を、会社や部門の全体最適の観点から取捨選択するのは管理職の役割である（心得70）。**社長はこのことを理解しなければならない。

エンドユーザー部門の部長や課長といった管理職が業務と管理とコストの観点でジャッジすべきだ。実際の現場を見ても、管理職が要件定義や基本設計などの会議に参加して、「その機能は本当に必要？」「開発費に比べるとメリットが少ないから運用でカバーしよう」といった形で整理できるプロジェクトはスムーズに進む場合が多い。

丸投げする管理職は不要

　以下は筆者が経験した実話だ。

　ある商社の案件で1人のマネジャーがエンドユーザーからの要求をバンバン切り捨てていた。「ちょっとやり過ぎではないか」と尋ねると「部門全体の観点からみれば、個々のエンドユーザーではなく組織としてどうシステムを使うかが重要なはず。属人的な仕様は極力外して標準化したい」と回答された。

　明解な話ぶりが強く記憶に残った。結果としてプロジェクトも成功した。この姿勢こそシステム開発でのユーザー部門管理者のあるべき姿だろう。

　逆に、仕様を決める重要な会議に課長クラスですら参加せず、エンドユーザーとベンダーにすべてを丸投げしているプロジェクトは失敗確定といってよい。聞こえてくるのはこんな言葉だ。

　「エンドユーザーが欲しいといってるから、しかたない。でも総額の見積もりは予算オーバーしているから、部長になんとかしろと怒られた。ベンダーさん、もっと安くならない？」

　何もジャッジせずに値引きも含め丸投げする。これが仕事なら管理職はいらない。

　このような管理職は大企業よりも中小企業に多いように思う。大企業はガバナンスが機能し、管理職の仕事が明確だからだろう。

　中小企業は管理職の職掌があいまいで、デジタルが苦手な人は「本業が忙しいから」の言葉で逃げることができる。部分最適の積み上げではなく全体最適の観点で整理できるようにならなければ、開発生産性は向上しない。

　生産性が上がらないとユーザーもベンダーも無駄に時間を使うだけでなく、双方とも投資対効果が下がる。投資対効果が少なければ企業は利益が出ず、社員の給料も上がらない。経営を預かる社長にとって大問題なのはいうまでもない。

心得 71 稟議や決裁などの業務プロセスを速めればITシステム開発に確実に好影響がある

　生産性の低さの問題を続ける。日本企業のホワイトカラーの生産性の低さはよく批判されるが、原因の1つに決裁の遅さがある。

　ITシステム開発でも同様で、中にはITベンダーが決まってから最終的な役員会決裁が下りるまで3カ月を要したというケースもある。このスピード感でDXを実現するのは難しい。

　役員会の開催頻度は会社によってまちまちだ。毎週開催する会社もあれば、月に一度の会社もある。月に一度の開催の場合は特に注意が必要である。20日に役員会があるのに、調達チームのベンダー選定が21日だったら、決裁を1カ月待つことになりかねない。

　役員会の日程以上に問題なのが稟議の回覧である。いまだにワークフローシステムではなく、資料を回覧して押印する会社は少なくない。

　こんな会社に限って回覧者が非常に多いことがある。しかも回覧順序を入れ替えるのはご法度。「常務が1週間海外出張」だとそこで丸々1週間止まってしまう。特に理由もないのに滞留したり、枝葉末節な理由で差し戻されたりすることもある。

　「自社の稟議や決裁が遅い」のは社長ならわかっているはずだ。**稟議や決裁などの業務プロセスを速めればITシステム開発に確実に好影響がある（心得71）。**

キックオフが1週間遅れるだけでプロジェクトに影響

　筆者が以前知り合ったA社のプロジェクトオーナーであるB氏の話をしたい。A社は大きな組織を持ち、各部門の役割やテリトリーも明確であった。キーパーソンと呼ばれるうるさ型もいた。事前に関連部門のキーパーソンに状況説明するなど「根回し」をすれば話は通りやすいが、根

回しをせずに出たとこ勝負でいくと、「話を聞いていない」と突き返されて滞留するのが常だ。

　事情を熟知するB氏は「候補ベンダーが決まってから動いたのでは遅い」とRFPを候補ベンダー数社に提示したタイミングから、キーパーソンにアプローチを開始した。どの順番でどこの誰にどこまで話をするか。B氏はその呼吸をよく分かっていた。

　根回しのおかげで、B氏の部下のプロジェクトマネジャーはベンダー選定作業に集中できたという。稟議や決裁に時間を要する社風にもかかわらず、役員会では一発で決裁が通った。

　当初の予定通りに、開発プロジェクトはキックオフできる運びになった。これは非常に重要で、**例えば6カ月（25週間）の開発プロジェクトであれば、キックオフが1週間遅れると4％、2週間だと8％の遅延になる**。ただでさえ短いスケジュールで最初からこれだけの遅延を抱えるのは厳しい。

　お飾りで何もしないプロジェクトオーナーも多いが、B氏はやるべき仕事を理解していた。日々の進捗はプロジェクトチームに任せ、自分にしかできない稟議と決裁の遅延防止に注力したのだ。

心得 72　失敗しかけたプロジェクトをリカバリーするにはコストを見直すしかない

　「社長は絶対にDXにかかわる企画や調達、マネジメント、そして運用などの意思決定を社員に『丸投げ』してはならない。（心得61）」で、ITシステム開発プロジェクトの70％が失敗になると書いた。だが多くのプロジェクトは当初の目論見通りではないが、なんとか稼働はしている。DXや業務に貢献しているものも多い。

　まれにプロジェクトの中止というドラスティックな決断がなされる場合もあるが、たいていの場合は、プロジェクトがうまくいかなくなった

場合に、コスト、スケジュール、スコープのいずれかあるいは複数を調整してリカバリーしているからだ。社長を含めた関係者にさまざまな判断が求められる。立て直しを図るタイミングやそのときの状況によって打ち手は異なるが、どのような方法を採るにしても簡単にはいかない。

　一般に発注側が最も嫌がるリカバリー方法は、別途予算を確保して追加でコストを支払うことである。仮にユーザー側のプロジェクトマネジャーが「コスト追加やむなし」と考えたとしても、経営層や上長は安易に了承できない。コストの順守は重要である。

　だからユーザーのリカバリー案は、スケジュールとスコープで調整したものになりがちだ。具体的には、「コストの追加は無理だから、システムの本番稼働を3カ月延期し、一部の機能は2次フェーズに回す」といった内容になる。

　開発者であるITベンダーからすると、スケジュールの延期はコストの持ち出しを意味する。3カ月の延長となればその間のエンジニアの人件費を負担しなければならず、売り上げは増えず、赤字プロジェクトへまっしぐらとなる。計画通りにプロジェクトが終了することを見込んで他のプロジェクトにエンジニアをアサインする予定を組んでいる場合、そのプロジェクトにも悪影響を及ぼす。

　ベンダーとしてはスコープを大幅に削って何とか当初スケジュール内に収めるか、あるいは何としても追加予算を出してほしいと粘ることになる。ただでさえプロジェクトの失敗で重苦しい雰囲気が漂っている中で、繰り返されるのはこんなやり取りだ。

ベンダー「追加予算を何とか」
ユーザー「これ以上は出せない」
ベンダー「そこを何とか」
ユーザー「稼働は遅れていいから」
ベンダー「そもそも原因は…」
ユーザー「今さらそれを言うのか！」

　この議論に決着をつけ、**失敗しかけたプロジェクトをリカバリーするにはコストを見直すしかない（心得72）**。社長はそれを認識し、覚悟せねばならない。予算に関する最終権限を持っている者同士が話し合う必要がある。双方痛み分けとなるかもしれないが、**コストの決裁権限者が賢明に話し合えば妥協点を見つけることができるはずだ**。

　ユーザーが一方的に請負契約書などを盾にベンダーに負担を押し付ければ、品質や稼働後の運用でしっぺ返しを食らうかもしれない。逆にベンダーが「ここまでつくったのだから今さら中止にできないだろう」と脅したら、仮に追加予算を獲得したとしても、中長期的には顧客を失うだろう。

心得 73 　会議スキルが低いとプロジェクトの生産性と進捗に大きな影響を与える

　DXを考えている企業ではさまざまな会議が開かれているが、ITシステム開発に関するものも多い。ステアリングコミッティー、週次の定例進捗会議、要件定義検討会などの作業部会、そしてプロジェクト遅延やリソース不足など問題が発生した場合の緊急対策会議などさまざまだ。プロジェクトマネジャーになると「主な仕事は会議に出席すること」と言われるくらい会議に時間を取られる。

　会議の進め方や雰囲気には企業の風土や文化が色濃く出る。会議を仕切る進行役による個人差が影響を及ぼすが、それ以上に企業風土に根差した会議のやり方や暗黙の掟が影響する。

　筆者は職業柄、さまざまな会社の会議に出席してきたが、会社ごとにカラーが出る。上手なのは、目的とゴールが明確、会議時間が短い、進行役がファシリテーション技術を持っている、会議資料は必要最小限で事前配布、プロジェクターやホワイトボードなどの利用が的確、といっ

レベルの低い会議は進捗に大きな影響を与える

こんな会議になっていないか？

・会議のゴールが決まっていない
・開始時間にメンバーが集まらない
・時間通りに終わらず、いつもダラダラと延長
・発言は同じ人ばかりで、ほかは発言なし
・汚いホワイトボードと書けないペン
・机がほこりっぽいか逆にベタベタ

DX以前の問題
DXに取り組んでも失敗・効果が出ない

た会社だ。

　逆に下手なのは、開始時間になってもメンバーがそろわない、ダラダラとして予定時間になっても終わらない、ゴール設定がなく結論が決まらない、ホワイトボードのマジックは毎回インク切れ、といった会社である。

　興味深いことに、会議の優劣を10段階で評価すると、ITベンダーはどの会社も真ん中あたりの5〜7点に収まる。プロジェクトで多くの会議をこなすため、どこもそれなりのスキルが身に付くのだろう。一方、ユーザーの場合は、素晴らしく会議が上手な10点の会社もあれば、どうしようもない会議をする1点の会社もある。

　ユーザー企業の**会議スキルが低いとプロジェクトの生産性と進捗に大きな影響を与える（心得73）**可能性がある。厄介なのは、企業の文化や風土に根差しているため、改善が容易ではないことだ。

　逆に会議スキルが高いユーザーのプロジェクトではベンダーが苦労するかもしれない。物事がどんどん決まるので進捗に問題は生じないのだが、自分たちの通常以上のペースに追随する必要がある。会議中は高い

緊張感にさらされる。だが、その緊張感がベンダーの力を引き出すはずだ。

　プロジェクトに大きな影響を与えるにもかかわらず、ユーザー企業の会議スキルがコストやスケジュール立案に反映されることはほとんどない。「貴社は会議が下手なので、見積もり費用が20%高くなります」と話すベンダーはまずいない。コストに影響しないと考えるかもしれないが、結局はプロジェクトが遅延して追加コストが発生すればツケを払うことになる。

　社長はDXを始める前に自社の会議レベルをチェックし、問題があれば直ちに改善しなければならない。会議レベルの低さは会社の全体の効率や品質に影響するし、こんな状態ではDXは推進できないからだ。

心得74　システムの検収は発注者にとって責任であり義務である

　システムの検収は発注者にとって責任であり義務である。（心得74）。検収を行うことで、**最終的な支払いが確定し、ITシステムの利用が開始**され、そして**ITベンダーに瑕疵担保責任**が生じる。ビジネスの基本の「き」であり、社長なら肝に銘じているはずだ。

　にもかかわらず現実には、検収をおろそかにしたために、後々問題が発生することが多々ある。特に瑕疵担保責任があるやなしやでベンダーともめやすい。

　エンドユーザーも参加させて受け入れテストを念入りに行い、検収もきちんとした手順を踏んだ場合は、システム稼働後の不具合発生比率が低い。稼働後に不具合が見つかってもそれが瑕疵担保責任に該当するバグなのかどうか判断しやすい。検収に労力をかけるのは「急がば回れ」であることを、優良なユーザーとベンダーは知っている。

　逆に単なる儀式程度にとらえて安易に検収してしまうのは問題だ。ベ

ンダーは要注意だと知りながら、早く入金してほしいので「きちんと検収してください」などとは決して言わない。この姿勢が後のトラブルの原因となる。

　稼働後になにか問題が発生するとユーザーは「バグが見つかった。瑕疵担保責任だから無償で直せ」、一方ベンダーは「検収でOKをいただいたはずだ。だからバグではなく追加要望なので有償です」と話がかみ合わなくなる。

　1+1=3になるようなトラブルならベンダーもバグだとすぐに納得するだろうが、「小数点以下は2桁ではなく3桁まで表示できないと使えない。瑕疵担保よろしく」などと稼働後数カ月経過してから言われてもベンダーは納得しない。

　いいかげんな検収をするユーザーほどなにか起こると瑕疵担保責任を持ち出すし、また安直な検収を喜ぶベンダーほど本来は瑕疵担保責任の範囲であっても逃げたり、有償に持ち込もうとしたりする。きちんと検収していれば避けられたトラブルで不毛なやり取りやそれに伴う作業が発生する。

　お互いさまと言えばそれまでだが、非生産的なことこの上ない。これを減らすには**発注者が責任を持って調達し、検収を行う**、そしてベンダーも目先の利益だけでなく、**真摯に顧客と向き合うことが必要**だ。

第 8 章 心 得 ま と め

心得61：社長はDXにかかわる企画や調達、マネジメント、運用などの意思決定を社員に「丸投げ」してはならない

心得62：社長が先頭に立って社員やベンダーにDXに関しての当事者意識を示す

心得63：DXにかかわるシステム開発では「仕事をこう変革する」「新しいやり方をこうつくる」、いわば変革を定義する

心得64：DX関連のプロジェクトで過度の実績主義は禁物である

心得65：現場にすべてを丸投げしていると、トラブルが生じた場合、後手に回る危険性が高い

心得66：「カネさえ出せば、DXはベンダーが何とかしてくれる」という幻想は捨てる

心得67：プロジェクトを成功させるための戦法は「逃げ切り」につきる

心得68：DX関連でも従来型のシステム開発でも、契約の重要性に変わりはない

心得69：システム開発は発注者であるユーザーと開発者であるITベンダーの共同作業である

心得70：部分最適の要求を、会社や部門の全体最適の観点から取捨選択するのは管理職の役割である

心得71：稟議や決裁などの業務プロセスを速めればITシステム開発に確実に好影響がある

心得72：失敗しかけたプロジェクトをリカバリーするにはコストを見直すしかない

心得73：会議スキルが低いとプロジェクトの生産性と進捗に大きな影響を与える

心得74：システムの検収は発注者にとって責任であり義務である

コンサルタントに関する心得

コンサルタントは一時的な道具だと考える。使いこなすのはユーザー自身である

　DXを推進しようと社長が決断しても社内の人材だけでは難しいことも多い。その場合、外部の力を借りることになる。第9章では外部の人材、中でも社長の手腕が問われるコンサルタントの上手な使い方について触れたい。

　筆者はITコンサルティング会社の社長だが、現場のコンサルティングも行っている。コンサルタントという職業にプライドとやりがいをもって日々の仕事をしているのだが、「コンサルタント嫌い」を公言する社長は少なくない。「私はコンサルタントが嫌いだ」、「ウチの社長はコンサル嫌いだから」と言われたことが何度かある。

　以前は「嫌いなら呼ばなければいいのに」と内心反発したものだがもう慣れた。「そうですよね。コンサルなんて貴社の社業に比べれば虚業ですものね。でも、もしよろしければお話を聞かせてください」と切り返すようにしている。

　すると、困っている事案だけでなく、なぜコンサルタントが嫌いなのかも話をしてくれる。いわく、以前にコンサルタントを採用して何も成果が出なかった、成果物としてレポートは出てきたがやるのは自分たちなので何も変わらなかった、自分たちの給料と比べてコンサル料がベラボウに高い…、といった愚痴が出てくる。

　コンサルタントほどピンからキリまでいろいろある職業はないだろう。世界的に有名な経営コンサルティング会社のエリートも詐欺師まがいの連中も名刺の肩書きだけみれば「コンサルタント」である。コンサル嫌いの社長の多くは、以前に運悪くキリの自称コンサルと出会っていたのかもしれない。

　だが実際に失敗する原因で多いのは、コンサルタントの使い方を知らずに「丸投げ」することだ。コンサルの活用が下手なユーザーは「とに

コンサルタント嫌いな社長ほど丸投げする？

コンサルタント嫌いな社長の
失敗原因

コンサルタントの
上手な使い方

嫌いだから頼み方を知らない

何を頼むか明確でない

過剰な期待・丸投げ

| 自社でできること
できないことを仕分け |
| :---: |

| 自社でできないことを
明示して依頼 |
| :---: |

| ノウハウのほか、
リソースや時間を買う |
| :---: |

かく困っている。あんたらプロだからなんとかしてくれ」といった感じ
で依頼する。

コンサルタントに深い警戒心を抱いているにもかかわらず、わらにも
すがる気持ちで依頼するという矛盾した状態だ。何を依頼しているのか
があいまいなのに、**「高いコンサル料を払うのだから何でもやってくれ
るだろう、すべて解決してくれるだろう」**と過剰に期待する。

依頼されるコンサルタントの立場からするとリスキーな顧客であり、
売れている優秀なコンサルタントは引き受けない。そこで悪徳コンサル
タントの出番となり、大失敗になるわけだ。

**一方、コンサルタントの使い方が上手なユーザーに共通するのは「自
分達に何ができて、何ができないか」**を理解していることである。「で
きない」の中には「知識や経験がない」だけでなく、「時間や空きリソー
スがない」も含まれる。

このようなユーザーはコンサルタントの利用を「自分たちにないスキ
ルを買う」「時間を買う」「社員はコア業務に使い、コンサルは一時的に
発生する業務の要員として買う」と割り切っている。

本物のコンサルタントは料金に見合う以上の仕事をする。必要な時、必要なだけ利用するならコストパフォーマンスは高い。さらに専門分野に特化させて使うほどコンサルタントは役に立つ。

コンサルタントは一時的な道具だと考える。使いこなすのはユーザー自身である（心得75）。自覚せずに相手のせいにしていると、何度も同じ失敗を繰り返すことになる。

心得 76 　社員とコンサルタントとの間に信頼関係をつくれるかどうかが成否の分かれ道だ

　DXに取り組んでいるマネジャーがいるとする。ある日突然、社長が外部のコンサルタントを連れて来たらどう思うだろうか。

　経緯や紹介の仕方にもよるだろうが2つに分かれるのではないか。1つは「**自分が困っていることを社長が理解して、助っ人を連れて来てくれた！**」という肯定的な見方、もう1つは「**なんでコンサルタントが来たの？　私の仕事がダメってこと？**」という否定的な見方だ。

　前節で「コンサルタントは一時的な道具だと考えよう」と書いたが、ただカネを積んで連れてくればうまくいくわけではない。上に書いたように、社員にとってコンサルタントは味方とも敵ともとらえ得る存在だ。

　社員は自社の業務については外部から来たコンサルタントよりも詳しい。一方のコンサルタントは自分の専門分野に関してはこの企業の社員よりはるかに知っている。

　両者が協力してDXに取り組めるかどうかで結果は変わってくる。部下である**社員とコンサルタントとの間に信頼関係をつくれるかどうかが成否の分かれ道だ（心得76）。**社長は道具としてのコンサルタントが能力を最大限に発揮できるよう環境を整える必要がある。

気持ちよくできる仕事は大抵うまくいく

　結果オーライの面はあるが、筆者の知るあるケースを紹介したい。

　都内のある企業の社長から「ウチのシステムは失敗ばかりでどうも具合が悪いから見てほしい」と依頼されたITコンサルタントAさんは、システム担当者のBさんと面談することになった。社長はBさんに「Aさんは優秀なコンサルタントらしいから、ご指導を受けるように。あとはよろしく」と言い残して退席した。

　Aさんは社長の紹介案件ということで張り切っていたが、Bさんは警戒感を隠さず会話が弾まない。それでもAさんが粘り強く現行システムの問題点などについて質問を重ねると、次第にBさんもほぐれて状況が分かってきた。

　もともとBさんは総務畑でシステムの専門家ではなく、ITベンダー任せでシステムを運用していた。現行システムの陳腐化が著しくトラブルも多発しベンダーからリプレースの提案が出された。高額の見積もりに社長が驚き、Bさんになんとかしろという経緯だった。

　Bさんなりに情報を収集したものの思うように進まないでいたところに社長がAさんを連れてきた。社長が自分を無能だと評価しており、招へいには叱責の意図があるのではないかとBさんは疑心暗鬼になっていたそうだ。

　その後、AさんとBさんはミーティングを重ね、RFIを作ってベンダー3社から概要提案と見積もりを取得した。3社とも最初に社長が見て仰天した見積もりよりは安かったが、それでもこの企業が投資するには相当な覚悟が必要な金額だった。

　思ったことをストレートに口にする社長は「ITは高いな。本当にこんな投資がウチのレベルに必要なのか」と不満を隠さない。Aさんにも「もうコンサルティングは終わりだよね。えっ、まだ必要なの、何をやるの、ぼったくりじゃないの」と容赦ない。

　Aさんが困惑していたところでBさんが頑張った。「社長、当社の規

模や業務内容だとこれくらいのシステム投資は必要であると、Aさんと一緒にやった調査やベンダー各社へのヒアリングで納得しました。私だけでは、今後のベンダー選定や導入プロジェクトの管理は無理です。Aさんの支援が必要です」と進言した。

　社長もそこまで迫られるとさすがに「やむなし」で、ブツブツ言いながらも、ベンダー選定以降もAさんとBさんのコンビに任せた。システム投資もスパッと決断した。

　AさんはBさんと信頼関係ができたことや、顔を合わせるたびに「もうこれ以上カネはかからないよな」とボヤキながらも、なんだかんだと気を配ってくれる社長の人情に触れ、気持ちよく仕事ができたそうだ。**気持ちよくできる仕事は大抵うまくいく。**この案件も納期とコストを順守した成功プロジェクトだった。

心得 77 コンサルタントに限らず、大言壮語する人間は見かけ倒しで実力はない

　筆者はこれまで何度か「悪徳コンサルタントにだまされて困っているから助けてくれ」と中小企業の社長から相談を受けたことがある。話を聞いてみるとこんな内容だ。

　「知人に紹介されたITのコンサルタントにシステム開発の旗振りを任せたが、いつまでたってもシステムが完成しない。追加の費用ばかり請求される」「自信満々のコンサルタントからいきなり3年契約を持ちかけられた。最低3年の契約をしないと仕事をしないと言われたから契約したが、まったく役に立たない」

　事情を確認してみるとたしかに質の低いコンサルタントがかかわっていることが珍しくない。社長がデジタルに疎いのにつけ込んで、ありえないようなことを言ったりやったりしているのだ。**一番問題なのはできもしないことを丸受けすることだ。**大抵の場合、**コンサルタントに限ら**

ず、大言壮語する人間は見かけ倒しで実力はない（心得77）。

　似たような話は世の中にいくらでもある。残念だがDX関連でも似たような事例が起こるだろう。

　怪しいコンサルタント、詐欺師まがいのコンサルタントの特徴を下記に記す。1つでも該当するようなら、決して採用してはいけない。

・大企業や有名な会社のコンサルをやったと実社名を出して、自慢げに公言する。本物のコンサルタントは守秘義務があるので、他社の仕事について語らない。
・高名な経営者と知り合いだと言って、その経営者の名刺を見せたりする。その名刺は講演会などでもらったものにすぎない。
・コンサル実績と称して、やたらと難しい専門用語をちりばめた安っぽい資料を配る。その内容は専門家が見れば実績と呼べるものではなく、単なる作業ログのレベルのものだ。
・いきなり長期間の契約を求めてくる。本物のコンサルタントは違う。リスクの高い客かどうかわからないから、最初は小さな契約で様子を見る。
・多額の前金を要求する。仕事がなかったり、トラブルを起こしていたりするから、カネがない。だから前金を欲しがる。

社長に近寄る詐欺師コンサルタントに気をつけよう

・有名会社の名前を挙げての手柄話
・高名な経営者などの名刺を見せびらかす
・どうでもいい実績の長い列挙資料
・最初から長期契約を求める
・高額な前金の要求
・アポイントのドタキャン

・アポイントを「別の大事な予定が入った」とドタキャンする、報告などの期日の約束を守らないことがあれば、間違いなくアウト。コンサルタントは「時間いくら」の商売なので、時間にシビア。予定変更は大きなロスを生むので、できるコンサルタントほど時間厳守。

もう1つ、社長をはじめとしてユーザー企業が絶対に避けなければならないことがある。自分たちに何ができて、何ができないのか。スキルが不足しているのか、それとも時間や人手が足りないのか、それらを自覚しないまま、「知り合いの紹介のすごい先生らしい」ということで、**何をしてもらうのか決めずに「とりあえずお願いします」と「丸投げ」することである。**

ひどいコンサルタントに、発注側が何を頼んでいるのかわからないまま、ただ漠然と「すばらしい成果」を求めて依頼して、プロジェクトがうまくいく可能性など1%もない。

第 9 章　心得まとめ

心得75：コンサルタントは一時的な道具だと考える。使いこなすのは
　　　　　ユーザー自身である

心得76：社員とコンサルタントとの間に信頼関係をつくれるかどうか
　　　　　が成否の分かれ道だ

心得77：コンサルタントに限らず、大言壮語する人間は見かけ倒しで
　　　　　実力はない

第 10 章

DXの目的に
関する心得

心得 78　DXは新常態の時代を生き抜く知恵でもある

　日本でもワクチン供給が始まった。やがて新型コロナウイルス感染症の脅威は終息に向かうだろう。

　これを期待して「しばらくすれば、仕事のやり方はまた以前と同じになる」と考える人たちがいる。その多くはテレワークに順応できない50代以上の管理職だという。

　あなたが社長ならベテランたちと同じように考えて、現状維持をよしとして、仕事のやり方を完全にコロナ以前に戻すべきだろうか？　そうはならない。

　たとえコロナ禍が去ったとしても、始まるのは新常態、ニューノーマルの時代だ。

　新常態の時代に企業はどうあるべきか。**社長の視点は全体最適**だ。テレワーク1つを取っても検討すべきテーマはいくつもある。

・社員の通勤にかかる時間、費用

コロナ後の新常態での姿を考えるのは社長の仕事

過去には戻れない

前進あるのみ

社長は会社の
新常態
を考えるべし

・勤務時間の管理
・オンラインとリアルの働き方の組み合わせ
・必要なデジタル投資

　DXは新常態の時代を生き抜く知恵でもある（心得78）。第10章では、改めてDXで社長が何を目指すべきかを示したい。**正直なところ、なかなかしんどいかもしれない。しかし、それを考えて実現するのが社長の仕事**だ。

心得 79　DXでは小さな努力の継続が、大きな成果につながる

　自社の経営だけでなく、経済団体や業界団体、異業種交流あるいは地域のコミュニティーなどでさまざまな社外活動に参加する社長は多い。こういった社外の団体活動にもDXの波はきている。
　全国の異業種交流を目的としたある社団法人の例を紹介したい。この団体は地域活性化や地元の異業種交流などを推進する全国各地のメンバーが中心となっている。少し前まで団体の運営は旧態依然たるものであった。
　理事の年齢構成は40代〜80代で、最も多いのは60代と70代だ。理事会の招集案内、議事録の配布は電子メールだけでなく郵便を併用する。理事会は年に6回、平日の午後に主に東京で開催されていた。理事は全国各地に15人で、ほとんどが中小企業の社長か会長だ。地方の理事には東京までの距離に応じて数万円の交通費が支給されていた。1回当たり1人平均3万円として理事8人が参加すれば1回24万円、年間で150万円近くが出費される計算になる。
　この運営をずっと行ってきた結果、理事会に参加するのは執行部か、事業の一線から離れた高齢の社長ばかりになっていた。働き盛りの現役

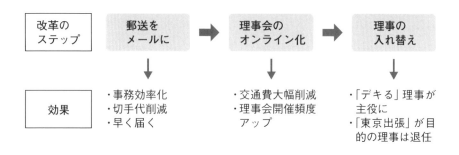

改革の ステップ	郵送を メールに	➡	理事会の オンライン化	➡	理事の 入れ替え
効果	・事務効率化 ・切手代削減 ・早く届く		・交通費大幅削減 ・理事会開催頻度 　アップ		・「デキる」理事が 　主役に ・「東京出張」が目 　的の理事は退任

小さな変化から始まって大きな改革に至る

である40代、50代は多忙なので、平日をほぼ1日つぶす出張は難しいのである。

　この運営方法に危機感を持ち、改善を図ったのが新たに理事長に就任したA氏だった。まず招集案内をメールだけにした。次に議事録の送付をPDFファイルに変え電子化した。印刷物の郵送を極力減らしたのである。数人の古株の理事から、裏で事務局にクレームはあったそうだ。

　A氏は理事会にもメスを入れた。実際に集合する理事会は年2回に減らし、それ以外は年に8回のWeb会議を行うことにしたのだ。

　交通費が100万円削減できる一方で、理事会の頻度は高まる。A氏の提案に理事会の場で大きな反対意見は出なかった。コストメリットが大きく、時代に即したやり方なので会議で反対意見を述べる理事はさすがにいなかったのである。

　理事会運営が効率化されて「めでたしめでたし」で終わればどこにでもある話だが、Web会議化がさらなる変化を生んだ。

　改革が始まる前の理事会では、15人のメンバーのうち会議に出席するのは8〜10人程度だった。Web会議に変えても参加人数は大きな差はなかったが、参加者の顔ぶれが入れ替わったのである。

　理事会は平日の15時から東京で開催することが多かった。これだと多忙な地方の経営者はなかなか参加できない。欠席続きだった数人の理

事が「Web会議なら移動時間がないから参加できる」と喜んで参加するようになった。

　逆に集合理事会には頻繁に参加していた数人の理事がWebには参加しなくなった。デジタルが苦手なのも理由の1つだが、最大の理由は会議に参加しても、旅費付きで東京に行けなくなったからというもののようだった。会議には関心がなかったのである。

　集合形式でもWeb会議でもどちらも欠席の理事もいる。理事の状況が明確にあぶりだされた。

　この状況を見てA氏は理事改選のタイミングでメンバーの大きな入れ替えを断行する。Web会議に参加できない、メールすらあまり読まない理事は淘汰された。**招集案内の郵送廃止から始まった運営改革は、最終的に大きな人事改革に至ったのである。**

　コロナ禍の前からWeb会議を積極的に行っていたこの社団法人はさらに全国大会をオンラインで開催するなど、さらなるDXに取り組んでいると聞く。

　この団体に限らない。気が付けば周囲の光景は一変している。**DXでは小さな努力の継続が、大きな成果につながる（心得79）。**それを社長は知らなければならない。

社長から全社員、そして取引先へとITリテラシー向上の輪を広げることが日本のDXにつながる

　長年、ITいやデジタルにかかわってきたものとして、少しマクロな立場からDXについて考えたい。残念ながら、日本のIT産業の置かれた状況は厳しい。

　技術力はあるものの、半導体やスマホなどの主要なハードウエア製品で国際的な競争力は低下している。OSやデータベースは言うに及ばず、クラウドに関しても国内ベンダーが販売しているのは米アマゾン・ドッ

ト・コムのAmazon Web Services（AWS）や米マイクロソフトのAsure（ア
ジュール）だ。

　ソフトウエアは海外製品に依存しており、**日本国内のITベンダーが頑
張って売れば売るほど、上納金が外資企業に吸い上げられるのが現実だ。**
これではまずいと、小学校でプログラミング教育を必修化するなどして
いるが、効果が出るまでに長い時間が必要だし、本当に将来、国際レベ
ルでのソフトウエア開発競争力を獲得できるのかはわからない。

　製品力が期待できない中で重要なのが、個々人のITリテラシーであ
る。**むしろ日本人の気質や教育水準を考えると、ITリテラシーはもっと
高くないとおかしいくらいだ。**

　ハードやソフトの開発能力を飛躍的に向上させるよりも、ITリテラ
シーを向上させ、ITを使いこなす力を上げるほうが日本には適してい
るし、早く効果が出る。その意味では小学校のプログラム教育は効果が
ありそうだ。海外の製品やサービスだろうがなんだろうが、使い倒せば
勝ちである。

ITリテラシーで競馬は踏ん張った

　日本人のITリテラシーはもっと向上できると実感した例がある。趣
味の競馬に関連する話だ。

　日本中央競馬会（JRA）の売り上げが無観客競馬にもかかわらず前年
比約9割前後と健闘している。JRAの平時の売上比率はおおまかに開催
競馬場5％、場外馬券売場25％、インターネット・電話投票が70％だから、
無観客で場外馬券売場もクローズとなれば30％の売り上げが落ちるは
ずが、そうはなっていないのだ。

　現金で馬券を買っていた競馬場・場外組の多くがインターネット投票
に参加してきたのが理由である。特に場外馬券売場のファンには長年の
愛好者が多く、鉄火場の雰囲気を好み、ITとは縁遠い人達が少なくない。

　競馬をやらない人がイメージする赤鉛筆を耳に競馬新聞を握りしめ、

モニターに向かって「そのまま、そのまま！」と叫ぶコアな場外ファン。そんなファンが「競馬をやり続けたい」という一念でネット投票の世界に引っ越している。JRAの企業努力もあるが、それ以上に馬券を買いたいというモチベーションと、日本の教育水準や社会環境が好影響を与えている。やればできる。

第2章で、「社長が率先して自分のITリテラシーを高める（心得23）」と書いた。**社長から全社員、そして取引先へとITリテラシー向上の輪を広げることが日本のDXにつながる（心得80）。**

心得
81

新しい仕事、今後も残る仕事を行うためには、自ら先んじて変化するしかない

最後に改めて本書で言いたかったことをまとめてみたい。DXによる大きな波が押し寄せている中で、社長が取るべき態度は2つだ。

1つは社長自らが先頭に立って変化を受け入れ、積極的に取り組み、投資も行うこと。若い社長であれば、言われなくてもこの方法を取るこ

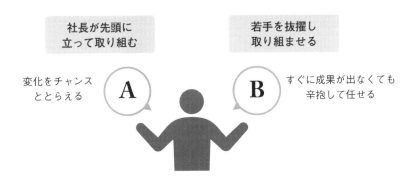

変化の大波に対応できるか？
社長力が問われる節目の時期が来た

社長が先頭に
立って取り組む

若手を抜擢し
取り組ませる

変化をチャンス
ととらえる

A

B

すぐに成果が出なくても
辛抱して任せる

とだろう。むしろ変化の時期をチャンスととらえ、勝負に打って出るかもしれない。

　中高年の社長の場合、全員にこれができるわけではない。自ら対応するのが難しい場合には2つ目の方法を取る。**若手社員を抜擢し、変化に立ち向かわせることだ。社長は後ろ盾となりしっかりとサポートする。**

　人に任せる、特に若手に任せるのには忍耐が必要だ。若手が失敗する、あるいはすぐに目に見える効果が出ないと、任せるのをやめてしまいたくなる。

　しかし、中途半端に取り組んで、途中で投げ出すのが一番会社にダメージを与える。社長は腹をくくるべきだ。

　DXの破壊力はすさまじい。AIやロボットの進化で10年以内にいまある仕事の半分はなくなるという見方もあるほどだ。「いまある仕事」の半分がなくなったとして、「新しく生まれる仕事」もある。**新しい仕事、今後も残る仕事を行うためには、自ら先んじて変化するしかない（心得81）。**

　ダーウィンの言葉にある通りだ。

　「最も強い者が生き残るのではなく、最も賢い者が生き残るのでもない。唯一生き残るのは、変化する者である」

第10章 心得まとめ

心得78： DXは新常態の時代を生き抜く知恵でもある

心得79： DXでは小さな努力の継続が、大きな成果につながる

心得80： 社長から全社員、そして取引先へとITリテラシー向上の輪を
広げることが日本のDXにつながる

心得81： 新しい仕事、今後も残る仕事を行うためには、自ら先んじて
変化するしかない

終わりに

　本書を校正中のある日、所用で横浜に行く機会があったので、足を延ばして山下ふ頭にオープンしたガンダムファクトリーに寄ってみた。特に熱心な機動戦士ガンダムのファンではないが、やはり等身大のガンダムが「動く！」というのに野次馬根性をそそられ、一目見たいと思ったのである。

　ゴールデンウイーク前の平日午前中に立ち寄ったので、空いており、かぶりつきの特等席で見ることができた。心地よい海風の中、巨大なロボットを間近に見上げる時間はちょっとしたぜいたくである。いよいよガンダムが動きはじめると、月並みだが「うわ、すごい！　動いてる！」としか言いようがなかった。動くといっても数歩歩き、しゃがみ、立ち上がるだけなのだが、18メートルの人型ロボットが実際に目の前で作動する様は壮観である。

　幼いころから鉄人28号、ジャイアントロボ、マジンガーZ、ガンダム、トランスフォーマーとこれまでテレビや映画の中だけで見ていた巨大ロボットがわずか10メートル先を歩いているのだ！

　動くガンダムには当然のことながら最先端のロボット技術とITが駆使されている。

　技術は確実に進化し、少し前なら考えられなかったことがある日、実現する。この動くガンダムは1年3カ月の限定公開ということだが、もし数年後に新たに公開されることがあれば、また驚くほど進化した姿を見せてくれることだろう。

　企業が試行錯誤しているDXも同じことだ。実際に取り組めば、苦労の連続と多くの失敗があるかもしれない。しかし、チャレンジを続ければいつか必ず進歩し、企業を成功に導く。進歩と成功の集積が我々の生活をあらゆる面でよりよい方向に変化させてくれることを、筆者は信じる。

そして自分自身もよりよい方向への変化のために、横浜のガンダムではないがたとえ数歩でも前進を続けたい。

最後に、本書の出版にあたり多大なるご支援、ご助言をいただいた日経BPの中村建助氏と池上俊也氏に厚く御礼を申し上げたい。

晩春の横浜にて
永井昭弘

永井 昭弘 (ながい あきひろ)

イントリーグ代表取締役社長兼CEO、NPO法人全国異業種グループネットワークフォーラム（INF）理事長。日本IBMの金融担当SEを経て、ベンチャー系ITコンサルティング会社のイントリーグに参画、1996年社長に就任。多数のIT案件のコーディネーションおよびコンサルティング、RFP作成支援などを手がける。著書に「RFP＆提案書完全マニュアル」「事例で学ぶRFP作成術 実践マニュアル」「ITの現場にこそドラマがある」（いずれも日経BP）がある。

DXを成功させる社長 81の心得

2021年6月21日　第1版第1刷発行

著　者　イントリーグ　永井 昭弘
発行者　吉田 琢也
発　行　日経BP
発　売　日経BPマーケティング
　　　　〒105-8308
　　　　東京都港区虎ノ門4-3-12
装丁・制作　松川 直也（日経BPコンサルティング）
編　集　中村 建助
印刷・製本　図書印刷